Knaur

Karin Iden

Reis macht schlank

- 2 bis 3 kg pro Woche abnehmen
- über 100 leckere Rezepte

www.knaur.de

Inhaltsverzeichnis

Gesund abnehmen und sich wohl fühlen

Vorsicht vor »Rosskuren«

Eine gute Figur zu haben heißt nicht, Mannequin-Maße vorzuweisen, die hart erhungert werden müssen. Besser sind ausgewogene Proportionen, straffes Gewebe, schöne Haare, glatte Haut, feste Nägel und ein zufriedenes Selbstbewusstsein. Inzwischen hat auch die Mode von hohlwangigen Hungerkünstlerinnen Abschied genommen. Von Radikalkuren oder Crashdiäten ist dringend abzuraten, da sie gesundheitsschädlich sein können. Dem Übergewicht durch »FdH« zu Leibe zu rücken ist ebenfalls ein falscher Weg, denn unter solchen »Rosskuren« leidet nicht nur der Körper, sondern auch die Seele. Es kann zu Mangelerscheinungen und sogar zu Depressionen kommen, und nach der Kur sammeln sich die überflüssigen Pfunde schnell wieder an. Um diesem Jo-Jo-Effekt ein Ende zu bereiten, heißt die Devise heute: gesund schlank werden. Mit ausgewogenen Mahlzeiten, unterstützt durch Sport oder Fitnessübungen, erreichen Sie Ihr Ziel: straffes Bindegewebe, gesunde Haare, glatte Haut, kräftige Nägel – und ein tolles Selbstwertgefühl.

»Abspecken« – aber wie viel?

Sie sollten darauf achten, nicht zu stark abzunehmen, denn auch Untergewicht ist nicht in Ordnung. Bevor Sie mit der Reisdiät beginnen, stellen Sie deshalb zuerst nach einer der folgenden Methoden fest, ob Sie über-, unter- oder normalgewichtig sind.

Broca-Formel

Ziehen Sie von Ihrer Körpergröße (in cm) die Zahl 100 ab, und Sie haben Ihr Normalgewicht (in kg). Ein Beispiel: Sie sind 170 cm groß. Das minus 100 ergibt 70. Ihr Normalgewicht beträgt also 70 kg.

Um zum Idealgewicht zu kommen, zieht man bei Frauen von dieser Zahl noch einmal 15 und bei Männern 10 Prozent ab. Somit beträgt das Idealgewicht für eine 170 cm große Frau 59,5 kg, für einen Mann bei gleicher Größe 63 kg.
Liegen Sie 20 bis 30 Prozent über dem Normalgewicht, sind Sie übergewichtig, bei 15 bis 20 Prozent darunter sind Sie zu dünn.
Anzustreben ist das Wohlfühlgewicht. Dabei werden die Grenzen nicht so eng gesehen. Zur Ermittlung nimmt man das Normalgewicht, allerdings mit einer Schwankungsbreite von zehn Prozent nach unten und nach oben. Bei 170 cm Körpergröße liegt das individuelle Wohlfühlgewicht also zwischen 63 und 77 kg.

Body-Mass-Index

Die genauere Berechnungsart zur Ermittlung des Normalgewichts ist der Body-Mass-Index (BMI). Der lautet: Körpergewicht (kg) dividiert durch das Quadrat der Körpergröße (m^2).

$$\text{BMI} = \frac{63}{1{,}64\ \text{m} \times 1{,}64\ \text{m}\ (2{,}68)}$$

Dies ergibt in diesem Rechenbeispiel einen exakten BMI von 23,42.

Der Kneiftest

Drücken Sie die obere Hautfalte von Taille, Bauch und Oberschenkel mit Daumen und Zeigefinger zusammen. Wer eine mehr als 2,5 cm dicke Speckschicht zwischen den Fingern hält, könnte übergewichtig sein.

Liegt der Indexwert zwischen 19 und 24, sind Sie normalgewichtig. Bei Werten zwischen 24 und 30 haben Sie ein leichtes Übergewicht, ab 30 schweres Übergewicht. Wenn Sie zwei bis drei Kilogramm über dem Normalgewicht liegen, ist das vom medizinischen Standpunkt aus gesehen noch in Ordnung. Fühlen Sie sich damit nicht wohl, reduzieren Sie Ihr Gewicht, z. B. mit einem Reis-Diättag.

Gesundheit pur

Damit unser Körper richtig funktioniert, muss ihm ständig Energie zugeführt werden. Diese bekommen wir aus der täglichen Nahrung in Form von Eiweiß, Fetten und Kohlenhydraten, die im Körper umgesetzt werden. Dabei entsteht Wärme, die in Kilokalorien (kcal) oder Kilojoule (kJ) gemessen wird. Eine Kilokalorie entspricht 4,2 Kilojoule.

Wie viel Energie liefern unsere Nahrungsmittel? 1 g Kohlenhydrate und 1 g Eiweiß entsprechen jeweils 4 Kilokalorien, 1 g Fett entspricht 9 Kilokalorien, 1 g Alkohol 7 Kilokalorien.

Kohlenhydrate

Kohlenhydrate sind die wichtigsten Energiequellen für Muskeln, Nerven- und Gehirnzellen. Sie sind in zucker- und stärkehaltigen Nahrungsmitteln enthalten. Kohlenhydrate aus Zucker, Konfitüre, Honig, Süßigkeiten, Kuchen, weißem Mehl, zuckerhaltigen Getränken (Limonade) werden am schnellsten in Energie umgewandelt. Eine Überdosis ergibt Fettpölsterchen. Kohlenhydrate in Form von Vollkornprodukten, Kartoffeln, Nudeln, Reis, Gemüse werden langsamer abgebaut; außerdem enthalten diese Nahrungsmittel zusätzlich Vitamine, Mineralstoffe und Ballaststoffe.

Eiweiß

Eiweiß (Protein) steht für Fitness und ein gesundes Aussehen. Es liefert dem Körper lebenswichtige Aminosäuren, die er für den Aufbau von Zellen, Geweben und Organen benötigt. Man unterscheidet pflanzliche (Getreide, Hülsenfrüchte, Soja) und tierische Eiweißquellen, wie Fisch, Fleisch, Käse und Wurst. Bei diesen wandert häufig auch ein beachtlicher Fettanteil mit. Deshalb: stets Produkte der Magerstufe wählen.

Fett

Fett ist speicherfähig und setzt sich, in größeren Mengen genossen, als Fettpolster ab. Man unterscheidet gesättigte Fettsäuren (in allen tierischen Nahrungsmitteln) und ungesättigte Fettsäuren (in pflanzlichen Nahrungsmitteln und Ölen). Es wird empfohlen: täglich 10 g Fett aus ungesättigten Fettsäuren in Form von kalt gepressten Ölen, die Sie an Salat oder Rohkost geben. Tierisches Fett sollten Sie stark einschränken.

Weg vom Fett

Mediziner fordern: Wir müssen runter vom täglichen Fettverbrauch von derzeit durchschnittlich 100 Gramm lt. Ernährungsbericht 2002. Mehr als 60 bis 80 Gramm pro Tag sollten nicht sein. Aber wie? Ganz einfach – mit kalorienreduzierten Lebensmitteln, wie zum Beispiel Du-darfst-Produkten. Dabei sparen Sie mit Halbfettbutter 2 g Fett pro Brot, mit Salami 5 g Fett pro Scheibe und mit Fleischsalat 5 g Fett pro einer Portion von 50 g.

Vitamine und Mineralstoffe

Vitamine und Mineralstoffe liefern keine Energie, sind aber als Bestandteile vieler Enzyme für einen gut funktionierenden Stoffwechsel unabdingbar. Sie schützen vor Infektionen, sind gleichzeitig Schönheitsmittel für Haut, Haare, Nägel und helfen beim Abbau von Fetten. Sie sind in Obst, Gemüse und Getreideprodukten enthalten.

Ballaststoffe

Ballaststoffe sind Bestandteile pflanzlicher Nahrungsmittel; sie führen keine Kalorien zu. Sie bringen den Darm in Schwung und können somit Abführmittel aus der Apotheke ersetzen. Ballaststoffe sitzen in den Randschichten des Getreide-(Reis-)korns, in Obst und Gemüse.

Flüssigkeit

Flüssigkeit ist ein wichtiges Transportmittel für alle Nährstoffe und für Sauerstoff. Unser Körper besteht zu zwei Dritteln aus Wasser. Deshalb täglich mindestens 1,5 Liter Flüssigkeit trinken. Mineralwässer (zu bevorzugen: natriumarme, magnesiumreiche) sind ein idealer Partner, aber auch salzarme Fleisch- und Gemüsebrühen, Kaffee ohne Milch und Zucker, Früchtetees, Natursäfte (ungesüßt) sowie Kur-Molke und kalorienarme Erfrischungsgetränke.

Genuss ist angesagt

Ein Erwachsener (25 bis unter 51 Jahre) mit vorwiegend sitzender Beschäftigung braucht nicht mehr als 2300 (Frauen) oder 2900 Kalorien (Männer). Wer täglich 1000 Kalorien weniger zu sich nimmt, wird ganz bestimmt abnehmen. Je länger Sie diese Diät durchziehen, um so mehr werden Sie abnehmen. Wer genießt, isst weniger und langsamer. Die Nahrung gelangt gut zerkaut in den Magen und macht schneller satt. Und noch eins: Essen Sie keine Lebensmittel, die Sie nicht mögen. Essen Sie nur, wenn Sie Hunger haben. Lassen Sie keine Mahlzeit aus. Fünf Mahlzeiten am Tag reichen. Außerdem: Bewegung und Sport.

Neuer Lebensstil

Für eine gute Figur hilft nur eines: Ernährungsweise ändern. Auf Ihren Speiseplan passen Getreideprodukte, reichlich Gemüse, Obst, Salate, fettarme Milchprodukte und Fisch. Den Verzehr von Fleisch, Wurst, tierischen Fetten, Eiern sowie Zucker, Alkohol und Salz sollten Sie stark reduzieren. Und: stets das Gewicht kontrollieren. Bei jedem Pfund zu viel ist ein Reis-Diät-Tag ratsam. Dazu: Spazieren gehen, Gymnastik oder andere Sportarten.

Reis – eine der ältesten Kulturpflanzen

Reis hat eine lange Geschichte

Die Hälfte aller auf der Erde lebenden Menschen sind Reisesser. Für Indien und den Fernen Osten ist der Reis ein Hauptnahrungsmittel. Die Heimat der Reispflanze ist Südostasien. Bereits etwa 3500 v. Chr. wurde im heutigen Thailand Reis kultiviert. Die ältesten schriftlichen Überlieferungen stammen aus China. In ihnen wird berichtet, dass schon Kaiser Shen Nung 2800 v. Chr. anlässlich des Frühlingsfestes Reis aussäen ließ. In indischen Handschriften aus dem Jahre 1000 v. Chr. werden bereits verschiedene Reissorten beschrieben, die bei religiösen Zeremonien als Opfer dargeboten wurden.

Reis-Vielfalt

Alle Reispflanzen gehören zu der Familie der Getreidegräser und tragen den Artnamen Oryza sativa. Es existieren fast 100 000 gezüchtete Kreuzungen. Aktuell werden davon weltweit ca. 10 000 Varianten angebaut. Alle diese Kreuzungen werden zwischen 80 und 120 cm hoch und jeder Halm trägt bis zu 20 Rispen, die wiederum je etwa 200 Samenkörner enthalten – den eigentlichen Reis. Dieser Reis ist jedoch keineswegs verzehrfertig.

In Indien galt der Reis als Symbol der Fruchtbarkeit, ein Glaube, der auch in unser Brauchtum übernommen wurde. So werden in verschiedenen Regionen Brautpaare nach der Trauung traditionell mit einem »Reiskörnerregen« begrüßt. Ebenfalls um 1000 v. Chr. wurde der Reisanbau in Persien und im Zweistromland bekannt, und erst die Truppen Alexanders des Großen brachten den Reis im 4. Jhd. v. Chr. nach Europa. Spanische und portugiesische Eroberer führten ihn von Europa wiederum in Süd- und Mittelamerika ein, und seit dem 17. Jahrhundert wird Reis auch in Nordamerika angebaut.

Reis wird vor allem in den feuchtwarmen Ländern Asiens, aber auch in den USA, Europa und Afrika angebaut.

Reisanbau heute

Die Welternte beträgt jährlich etwa 350 Millionen Tonnen und übertrifft die aller anderen Getreidesorten. Reis braucht im Gegensatz zu ihnen feuchtwarmes Klima, um gut zu gedeihen. Die Methoden des Reisanbaus sind beinahe so vielfältig wie die Reissorten. Die Hauptanbaugebiete für Reis liegen im asiatischen Raum und in Amerika, hier vor allem in den südwestlich gelegenen Staaten Arkansas, Kalifornien, Louisiana und Texas. Reis wird auch in Brasilien, Spanien, Italien, Frankreich, in einigen Ländern Afrikas und Arabiens kultiviert.

Die wichtigsten Reislieferanten Europas sind die USA, weil die Asiaten den größten Teil ihrer Reisernte selbst verzehren. Reis reift je nach Sorte in 100 bis 250 Tagen – bei den meisten Sorten nach etwa 120 Tagen. In dieser Zeit müssen die Felder unter Wasser stehen (Nassreisanbau) oder bewässert werden (Trockenreisanbau). Erst nach der Reife werden die Reiskulturen für fünf bis sechs Tage trocken gelegt, anschließend geerntet und gedroschen. Der Rohreis, der so genannte Paddy-Reis, wird auf Trockenanlagen transportiert und dort in rotierenden Drahtgeflechttrommeln auf 13 bis 14 Prozent Feuchtegehalt herunter getrocknet. Danach wird die Strohhülse, auch als Spelze bezeichnet, vom Korn getrennt.

Die industrielle Bearbeitung

Das Korn des Rohreises besteht aus dem stärkereichen Kern sowie dem Keim, die von einem Silberhäutchen und der Spelze umgeben sind. Je nach Bearbeitungsgrad in der Reismühle unterscheidet man die Endprodukte Braun-, Vollkorn- und Naturreis sowie Weißreis. Der Braunreis ist nur von der Spelze befreit. Das Silberhäutchen aber, in dem sich viele Vitamine, Mineralien und Eiweiß befinden und auch wertvolle Ballaststoffe liefert, bleibt erhalten. Ebenso der Keim, der Fette von hohem Wert enthält. Wegen des höheren Fettgehaltes ist der Braunreis nur für etwa ein Jahr lagerfähig. Er ist als Lang-, Mittel- und Rundkornreis im Handel.

Um Weißreis zu erhalten, werden alle dunklen Schalenteile und der Keim abgeschliffen, und das anhaftende Schleifmehl wird wegpoliert. Mit dieser »Veredelung« gehen die Vitamine, Mineralien, Ballaststoffe, das Eiweiß und Fett weitgehend verloren. Übrig bleibt der stärkereiche Kern. Das Parboiling-Verfahren, das in den USA entwickelt wurde, wirkt diesem Verlust an wertvollen Bestandteilen teilweise entgegen. Der Parboiled-Reis enthält etwa 80 Prozent naturgegebene Vitamine und Mineralien, aber wie beim Weißreis werden auch hier die wertvollen Ballaststoffe entfernt. Schnellkochreis ist Weißreis, der vorgedämpft und anschließend getrocknet wurde.

Gut zu wissen

Beim Parboiling wird das Naturreiskorn unter Druck eingeweicht. Dabei werden Vitamine und Mineralien von den äußeren Schichten ins Korninnere gepresst. Das Korn wird dann durch heißen Dampf versiegelt, sodass es danach ohne nennenswerte Nährstoffverluste geschliffen werden kann.

Geschälter Reis ist für eine Reis-Diät nicht geeignet, da mit der Schale auch fast alle Vitamine und Mineralien entfernt wurden. Außerdem ist er arm an Ballaststoffen und kann zu Darmträgheit und Verstopfung führen.

Reis in bunter Vielfalt

Dieses Grasgewächs, das in den tropischen und subtropischen Zonen gedeiht, bringt mehrere Tausend verschiedene Reissorten hervor. Diese werden entsprechend ihrer Kornform und -größe grob in drei Gruppen eingeteilt. Man unterscheidet Lang-, Mittel- und Rundkornreis. Langkornreis ist der typische Universalreis. Mittelkornreis verfügt über ähnliche Kocheigenschaften wie Rundkornreis. Auch Klebreis ist eine Rundkornsorte. Ihn gibt es aber auch als Langkornreis. Typische Mittelkornreissorten sind Arborio, Carnaroli und Vialone. Sie werden für Risotto verwendet, weil die Körner Kochflüssigkeiten gut aufnehmen können. Rundkornreis hat fast runde Körner. Der Kern kocht vergleichsweise weich. Rundkornreis wird fast ausschließlich für Süßspeisen, etwa Milchreisbrei verwendet.

Langkornreis

Patna-Reis (eine aus Indien stammende Sorte) wird vorwiegend in den USA angebaut und ist ein Langkornreis, der sich für fast alle Gerichte eignet. Er wird in unseren Geschäften lose und in Kochbeuteln verpackt angeboten und ist auch als Parboiled- und Schnellkochreis erhältlich. Patna-Reis bleibt auch nach dem Kochen trocken und körnig.

Basmati-Reis (eine Sorte aus dem Vorgebirge des Himalaya) gehört zu den edelsten und teuersten Langkornreissorten. Basmati (wörtlich übersetzt »Der Duftende«) hat einen intensiven Geschmack, bleibt nach dem Kochen locker und passt gut zu Fisch, Geflügel und Fleisch.

Naturreis wird auch Braun- oder Vollkorn-Reis genannt. Er ist als Lang- und Rundkornreis im Handel und enthält viele Vitamine, Mineralstoffe, Ballaststoffe und fast viermal so viel Fett wie Weißreis. Sein Geschmack ist leicht nussartig.

Mittelkornreis

Arborio, Carnaroli und **Vialone** sind die bekanntesten Sorten, die in Italien angebaut werden. Die Körner sind rundlich und etwas größer als die des Rundkornreises. Da dieser Reis nach dem Kochen klebrig-cremig ist, wird er gern für Risotto oder die spanische Paella verwendet.

Die wichtigsten Reissorten im Überblick

Rundkornreis

Weißer Rundkornreis

Er wird bei uns auch als Milchreis bezeichnet. Seine Körner geben beim Kochen etwa 15 Prozent Stärke ab, quellen auf und bleiben gut aneinander kleben. Milchreis schmeckt sehr gut zu Obst und wird meist für süße Speisen verwendet, man kann aus ihm auch pikante Risotti zubereiten.

Roter Naturreis

Ein unpolierter Reis aus der Carmargue, der unter anderem nach den Richtlinien des kontrollierten Anbaus produziert wird. Seine Kochzeit beträgt etwa 20 Minuten, danach muss er noch etwa 30 Minuten ausquellen.

Calaspara-Reis

Calaspara kommt aus der gebirgigen Landschaft gleichen Namens, im Südosten Spaniens. Dieser rundkörnige Naturreis ist im Naturkosthandel erhältlich. Die Körner werden zuerst fünf Minuten gekocht und müssen dann bei niedrigen Temperaturen in etwa 40 Minuten ausquellen.

Weitere Sorten und Mischungen

Parboiled-Reis

Dem Parboiled-Verfahren wird meistens der Langkornreis unterzogen. Die im rohen Zustand gelblichen Körner werden beim Kochen weiß und besonders körnig.

Schnellkochreis

Dieser polierte Reis wird industriell vorgegart und anschließend wieder getrocknet. Die Körner brechen sehr leicht und werden deshalb in stabilen Packungen angeboten. Schnellkochreis ist in nur fünf bis acht Minuten, maximal zehn Minuten gar. Halten Sie sich bitte genau an die Herstelleranweisungen auf der Packung.

Wildreis

Die dünnen schwarzen Nadeln sind der Samen eines nordamerikanischen Wassergrases. Sie haben einen intensiven Nussgeschmack und enthalten nur wenig Fett, weshalb sie haltbarer sind als Naturreis. Die schmalen schwarz-braunen Nadeln benötigen eine Kochzeit von etwa 45 Minuten. Wildreis ist recht teuer.

Wildreis wächst in den kalten, klaren Seen der kanadischen Provinz Ontario. Er enthält 14,6 % Eiweiß und ist besonders reich an Vitaminen.

Wildreismischungen

Preiswerter sind Mischungen von Parboiled-, Natur- oder Basmati-Reis mit Wildreis. Sie bringen Abwechslung in den Speiseplan. Durch sorgfältige Auswahl ist die gleiche Garzeitzeit von etwa 25 Minuten für beide Sorten garantiert.

Die wichtigsten Gartechniken

Damit der Reis optimal gelingt, also nicht zu klebrig, zu körnig, zu hart oder zu klumpig wird, gibt es für jede Reissorte die richtige Kochmethode.

Für **Wasserreis** wird der Reis in die sechsfache Menge gesalzenes, kochendes Wasser in einen großen Topf gegeben. Die nach dem Kochen verbliebene Flüssigkeit muss auf einem Sieb abgegossen werden, wobei ausgewaschene Nährstoffe verloren gehen. Patna- und Parboiled-Reis benötigen 15 bis 20 Minuten, Basmati-Reis ist in 8 bis 10 Minuten gar.

Für **Quellreis** wird der Reis mit der doppelten Menge Wasser (Verhältnis 2 zu 1) und einer Prise Salz gegart. Man gibt Flüssigkeit

(Wasser, Brühe, Milch) und Reis im Verhältnis 2 zu 1 in den Topf, lässt alles aufkochen und den Reis bei geringer Hitze zugedeckt ausquellen. Da die Flüssigkeit völlig aufgesogen wird, gehen beim Natur-, Parboiled- und Wild-Reis keine Vitamine und Mineralstoffe mit dem Kochwasser verloren. Beachten Sie bitte beim Reiskochen stets auch die Packungsanweisung.

Hinweis zur Wassermenge
Egal welche Methode Sie wählen, bei sehr kleinen Mengen, wie in den folgenden Rezepten, muss die Wassermenge größer gewählt werden, damit der Reis nicht ansetzt oder gar anbrennt. Deshalb stehen die Reis- bzw. Wassermenge nicht in Relation zu den größeren Mengenangaben auf der Packung.

Wer sicher gehen will, dass Reis gelingt, sollte die Wasserreis-Methode verwenden. Diese Methode funktioniert sowohl bei losem als auch bei Kochbeutelreis. Wenn Sie einen Kochbeutel verwenden, sollten Sie diesen in eine ausreichende Menge kochendes, gesalzenes Wasser geben. Der Kochbeutel sollte vollständig von dem Wasser bedeckt sein. Mit Hilfe einer Gabel wird der Kochbeutel an der Schlaufe aus dem Wasser gehoben. Den Kochbeutel öffnen und den Reis mit einer Gabel auflockern.
Für einen **Risotto** wird roher Mittelkorn- oder Rundkornreis in Fett kurz angedünstet und nach und nach mit Flüssigkeit (Wasser oder Brühe) aufgegossen. Er muss dann unter Rühren ausquellen. Am beliebtesten für Risotto sind die italienischen Sorten Arborio, Carnavoli und Vialone (siehe auch Seite 16).
Übrigens: Reis braucht Platz. Ein breiter Topf sorgt dafür, dass jedes Reiskorn genug Raum hat, sich zu entfalten. Also nicht in engen Gefäßen garen, sonst klebt der Reis zusammen. 100 g gekochter Reis entspricht etwa 30 g ungekochtem Reis.

Für die schnelle Küche

Besonders praktisch und zeitsparend ist die Verwendung von Schnellkochreis. Der Beutel schwimmt beim Kochen wie auf einem Polster. So kann der Reis weder ansetzen noch anbrennen. Schnellkochreis ist industriell vorgegart und wurde anschließend getrocknet. Seine Kochzeit beträgt fünf bis acht, maximal zehn Minuten. Ein Kochbeutel enthält meist 125 g und reicht bei Nicht-Diäten für eine Portion. Wenn Sie nur die Hälfte verwenden möchten, teilen Sie den Inhalt eines Beutels und bewahren den gekochten Reis abgedeckt im Kühlschrank auf.

Wasserreis-Methode (Für 2 Portionen)

Zutaten

750 ml Wasser

$^{1}/_{2}$ TL Salz

125 g oder 1 Tasse Reis

(Langkorn-, Parboiled-, Natur oder Wild-Reis, Basmati, Jasmin, Thai-Reis, Natur & Wildreis, Langkorn & Wildreis, Basmati & Wildreis)

Zubereitung

- Wasser (sechsfache Menge) und Salz aufkochen. Den Reis hinzufügen und 12 bis 20 Minuten bei schwacher Hitze im offenen Topf leicht kochen lassen.
- Der Reis sollte noch bissfest sein, aber keinen harten Kern haben. Die Reiskörner dürfen sich an den Enden noch nicht zu einem X öffnen.
- Den Reis in einem Sieb abgießen und abtropfen lassen; bei größeren Mengen wird der Reis in den Topf zurückgegeben und noch etwa 1 Minute bei nur mittelstarker Hitzezufuhr trockengedämpft.

Quellreis-Methode (Für 2 Portionen)

Zutaten

Gut 300 ml Wasser

1/2 TL Salz

125 g oder 1 Tasse Reis

(Langkorn-, Mittelkorn-, Parboiled-, Naturreis, Natur & Wildreis, Langkorn & Wildreis, Basmati & Wildreis, Basmati-Reis)

Zubereitung

- Wasser (2,5-fache Menge) und Salz in einem ausreichend großen Topf aufkochen, den Reis zugeben und aufkochen lassen. Den Topf verschließen und den Reis bei kleiner Hitze vollständig quellen lassen.
- Langkorn-(Patna-)Reis: etwa 20 Minuten
- Parboiled-Reis: etwa 12 bis 15 Minuten. Eventuell überschüssiges Wasser abgießen.
- Rundkornreis: etwa 10 Minuten köcheln und 20 Minuten ausquellen lassen.
- Naturreis: etwa 25 Minuten leicht kochen lassen. Die Flüssigkeit sollte vollständig aufgesogen sein, eventuell bei Bedarf etwas Wasser nachgießen. Das Ausquellen kann auch im Backofen bei 100 °C geschehen.

Besondere Mengen gelten für folgende Reissorten:

Wildreis

vierfache Menge Flüssigkeit 5 Minuten sprudelnd kochen lassen, dann bei kleiner Hitze etwa 40 bis 45 Minuten garen.

Milchreis

125 g Rundkornreis in 500 ml Milch geben und im geschlossenen Topf bei kleiner Hitze etwa 25 Minuten ausquellen lassen.

Risotto-Methode (Für 2 Portionen)

Zutaten

1 kleine Zwiebel
250 ml Brühe oder Wasser
125 g oder 1 Tasse Mittelkorn- (Risotto- und Paella-Reis) oder Rundkornreis

Zubereitung

- Die Zwiebel abziehen und fein würfeln. Die Zwiebelwürfel in zwei bis drei EL Wasser zugedeckt glasig werden lassen. Dann den Reis zugeben und darin bei schwacher Hitze unter Rühren glasig werden lassen. Von der Flüssigkeit nach und nach eine kleine Menge zugießen. Bei schwacher Hitze und häufigem Umrühren etwa 25 Minuten köcheln lassen, bis die Flüssigkeit völlig aufgesogen ist.

Spezialtipp

Wenn Sie keine Reis-Diät machen, geben Sie die Zwiebelwürfel in 1/2 TL Öl oder geschmolzene Butter und dünsten sie bei schwacher Hitze unter Rühren glasig.

Es geht auch ohne Wasser

Mit einfachen Tricks können Sie lose oder im Kochbeutel gegarten Reis unterschiedlich färben oder ihm eine ganz andere Geschmacksnote geben. Statt Wasser können Sie als Kochflüssigkeit auch Brühen, Fonds, Bratensaft, Gemüsesäfte aller Art oder Milch verwenden. Man kann dem Wasser folgende Zutaten zufügen:

- eine ganze (un-)geschälte Zwiebel und einige Gewürznelken
- grob geschnittenes Gemüse oder Suppengrün, Lauchspitzen, Möhren und Spinat
- eine zerteilte Fenchelknolle und den Saft einer halben Zitrone oder Orange
- zwei gehackte Zwiebeln und zerdrückte Knoblauchzehen sowie eine Prise Safran, Curry oder Chilipulver (gibt dem Reis Farbe und Charakter)

- Tomatensaft oder Gemüsesaft (macht den Reis würzig)
- Pfefferminz- oder Jasmintee (gibt Langkorn- oder Parboiled-Reis eine exotische Note)

Alles Gute steckt im Reis

Kaum zu glauben, was eine Hand voll Reis so alles liefert. Wertvolle Kohlenhydrate in Form von Stärke (komplexe Kohlenhydrate) und Ballaststoffen machen dieses Getreide überaus wertvoll für unsere Gesundheit. Eine Reismahlzeit sättigt schnell und wirkt sich auch auf die Verdauung positiv aus.

Reis kann mit acht essenziellen Aminosäuren (Eiweißbausteine) aufwarten. Diese kann der Körper nicht selbst bilden, sie werden jedoch für einen gesunden Stoffwechsel benötigt. Sie sind somit eine gute Eiweißergänzung für Vegetarier.

Neben komplexen Kohlenhydraten, wertvollem Eiweiß und sehr wenig Fett enthält Reis viele Vitamine sowie Kalium und Magnesium – die ideale Zusammensetzung für eine gesunde, abwechslungsreiche Diät.

Fett macht bekanntlich fett. Reis ist von Natur aus mager und cholesterinarm. Sein geringer Fettanteil ist dafür umso wertvoller, denn er hat ein günstiges Verhältnis von mehrfach ungesättigten zu gesättigten Fettsäuren und damit einen positiven Einfluss auf die Blutfett- und Cholesterinwerte.

Mit der Aufnahme von Reis kann der Körper entwässern, das heißt, der relativ hohe Kaliumgehalt fördert die Ausschwemmung von Wasser und auch von Stoffwechselprodukten über die Nieren. Gleichzeitig sorgt der besonders geringe Anteil an Natrium (2 mg/100 g) dafür, dass weniger Wasser im Gewebe zurückbehalten wird. Das bedeutet gleichfalls Gewichtsabnahme.

Parboiled- und Naturreis sind eine gute Quelle für Vitamin B_1, ein wasserlösliches Vitamin, das nicht nur für die Nerven, sondern auch für die Muskelfunktion von Bedeutung ist. Besonders wichtig ist das im Reis enthaltene Niacin, das für die Zellbildung sorgt, den Cholesterinspiegel reguliert und Allergien und Leberschäden vorbeugt.

Natur-, Parboiled- und Wild-Reis enthalten zusätzlich einen beachtlichen Anteil an Magnesium, das für die Muskelfunktionen wichtig und überdies ein gutes Antistressmineral ist. Bemerkenswert ist auch der Gehalt an folgenden Mineralstoffen: Eisen, Fluor, Phosphor, Mangan, Kobalt, Selen und Zink. Naturreis hat zudem eine entzündungshemmende Wirkung.
Alle Reissorten haben einen weitaus höheren Eiweißgehalt als Kartoffeln, Roggen oder Weizen. Sie liefern hochwertiges Eiweiß und Kohlenhydrate in Form von Reisstärke. Der Gehalt an wertvollen Inhaltstoffen schwankt erheblich in Abhängigkeit von der Be- und Verarbeitung des Reises.

Tipps und Tricks rund um den Reis

Aufbewahren

- Rohen Reis sollten Sie stets in fest verschließbaren Gläsern, Chromdosen oder Plastikbehältern mit Deckel (z. B. Tupperware-Behälter) aufbewahren. Er ist in der ungeöffneten Packung zwei bis drei Jahre haltbar. Ausnahme: Naturreis (bis zu einem Jahr lagerfähig).
- Gekochter Reis hält sich gut zugedeckt oder in gut schließende Dosen verpackt etwa eine Woche im Kühlschrank. Er lässt sich auch einfrieren. Dazu geben Sie den gekochten Reis am besten in Gefrierbeutel oder -dosen. Im Gefriergerät hält sich gekochter Reis etwa 5 bis 6 Monate.
- Lassen Sie Reis niemals im Kochtopf abkühlen, er wird dann hart und trocken. Stattdessen empfiehlt es sich, den noch warmen Reis aufzulockern, damit er nicht klumpt. Füllen Sie ihn danach am besten in eine Schüssel oder einen Plastikbehälter und verschließen das Gefäß fest mit einer Folie oder einem Deckel.

Wieder-Aufwärmen

- Gekochter Reis, der übrig geblieben ist, hält sich abgedeckt im Kühlschrank drei bis vier Tage. Er bleibt körnig, wenn er in einem Sieb oder einem Bambuskörbchen über kochendem Wasser (im Wasserdampf) mit Alufolie bedeckt erhitzt wird oder mit etwas Wasser, ohne Deckel, in der Mikrowelle.
- Falls nur ein kleiner Rest gekochter Reis übrig bleibt, heben Sie diesen unter frisch gekochten Reis, kurz bevor dieser fertig gegart ist. Größere Mengen zum Aufwärmen in eine gefettete, feuerfeste Auflaufform geben, abgedeckt im Backofen bei 150 °C erwärmen.

Reis »retten«

- Falls Reis doch mal leicht angebrannt ist oder angesetzt hat, weil die Hitze zu groß war oder das Wasser zu schnell verkocht ist, legen Sie eine Scheibe Brot auf die Reisoberfläche und lassen den Reis zugedeckt einige Minuten ziehen. Die Brotscheibe saugt den Rauchgeschmack auf.
- Nehmen Sie den nicht angebrannten Reis vorsichtig mit einem Kochlöffel heraus und geben Sie diesen in einen zweiten Topf.
- Sollte das Wasser zu schnell verkocht sein, geben Sie etwas heißes Wasser über den Reis und lassen ihn ausquellen.

Warm halten

- Sie können den Reis im fest verschlossenem Topf, d.h. vorher ein sauberes Küchenhandtuch auf den gekochten Reis legen, mit einem Deckel fest verschließen und auf der ausgestellten E-Herd-Platte ruhen lassen.
- Es geht aber auch im Backofen: Bedecken Sie den Reis mit Alufolie und lassen Sie ihn bei 50 °C ruhen.

Reis in der Mikrowelle aufwärmen

- Reis ist in der Mikrowelle schnell aufgewärmt und verliert dadurch nicht an Geschmack. Im Gegenteil: Er schmeckt wie frisch gekocht.
- Wichtig dabei ist, den Reis mit einigen Tropfen Wasser zu beträufeln und außerdem mit Folie, die für die Mikrowelle geeignet ist, einem Teller oder Deckel abzudecken, damit er nicht austrocknet.
- Bei größeren Mengen gibt man 1 bis 2 EL Wasser hinzu. Umrühren nicht vergessen! 100 g gekochter Reis sind bei 600 Watt in knapp zwei Minuten servierfertig.
- Und nicht vergessen: Für die doppelte Menge braucht man auch die doppelte Zeit.

Vielfältig in Aussehen und Geschmack: Im Handel finden Sie mehr als 20 verschiedene Reissorten.

Einfach praktisch: die Reis-Diät

Seit Jahrtausenden ein Erfolgsmodell: Wo sich die Menschen hauptsächlich von Reis ernähren, hat Fettleibigkeit keinen Platz. Grund: Reis sättigt, ist kalorienarm und leicht bekömmlich.
Die im Folgenden vorgestellte Reis-Diät ist optimal zum Abnehmen geeignet; sie enthält hauptsächlich Reis, aber auch Gemüse, Obst, Fisch, Meeresfrüchte und selbst Fleisch sind vertreten. Mit Kohlenhydraten, Eiweiß und wenig Fett, aber auch Vitaminen und Mineralstoffen ist eine optimale Ernährung gewährleistet. Und alles »kalorienschlank«.
Vier Wochen lang gut und abwechslungsreich essen und dabei auch noch abnehmen – mit der Reis-Diät kein Problem. Als Hauptgericht gibt es zum Beispiel Lammragout mit Oliven, Blumenkohl-Curry, gebratenen Reis mit Gemüse, Chicken-Thai-Curry oder Schweinemedaillons mit Brokkoli-Gemüse. Dazu sind jeden Tag vorgesehen: Das Frühstück (mit 200 Kalorien), zwei Zwischenmahlzeiten (mit je 100 Kalorien), ein Hauptgericht (mit 400 Kalorien) und ein abendlicher Imbiss (mit 200 oder 300 Kalorien).Wenn Sie den Imbiss mit 300 Kalorien bevorzugen, verzichten Sie am besten auf eine Zwischenmahlzeit am Nachmittag. Wenn Sie das Hauptgericht (mit 400 Kalorien) erst abends essen wollen, bereiten Sie stattdessen mittags einen der Imbiss-Vorschläge (mit 200 oder 300 Kalorien) zu.

Tipp
Praktisch für alle Berufstätigen: Die meisten Imbisse (mit 200 oder 300 Kalorien) lassen sich gut zubereiten und problemlos mit zum Arbeitsplatz nehmen.

Easy going mit Convenience

Pro Tag sind 1000 Kalorien vorgesehen, die vorwiegend aus Reis und Brot stammen. Wenn Ihnen diese Menge nicht ausreicht, können Sie die 1000-Kalorien-Diät um 200 Kalorien erhöhen, beispielsweise durch einen Imbiss mit 200 Kalorien oder zwei Extra-Mahlzeiten mit jeweils 100 Kalorien.
Keine Angst, diese fallen nicht besonders ins Gewicht. Die Extra-Mahlzeiten helfen Ihnen auch, nach der Diät langsam zu größe-

ren Mengen zurückzukehren. So verfallen Sie nicht in die alten (und falschen) Essgewohnheiten.

Die Rezepte haben alle keine lange Zubereitungszeit, denn es werden auch Convenience-Produkte verwendet. Convenience bedeutet Bequemlichkeit. Gemeint sind vorgefertigte Lebensmittel, die entweder küchen-, gar- oder zubereitungsfähig, am besten verzehr- und verbrauchsfertig sind. Somit finden Tiefkühl- oder andere Halbfertigprodukte Verwendung, etwa TK-Zwiebeln oder -Knoblauch, auch Kräuter der Provence oder Salatkräuter aus dem Kühlregal. Diverse Brühen und Fonds aus dem Glas sind wunderbare Helfer in der Küche. Ansonsten sind auch andere TK-Gemüse- und -Obstsorten mit von der Partie. Im Sommer, wenn die Produkte frisch auf dem Markt sind, können sie selbstverständlich ausgetauscht werden.

Trendy: Blitz-Reis

Mit den neuesten Produkt-Entwicklungen gelang den Reisexperten eine pfiffige Lösung. Voll im Trend: der 5-Minuten-Reis von Oryza (8-Minuten-Reis bei anderen Herstellern). Das Herstellungsverfahren ist einfach: Naturbelassener Langkorn-Weißreis wird schonend gedämpft und wieder getrocknet. Dadurch ist die Oberfläche des Korns angeraut, und das Kochwasser kann sehr viel schneller aufgenommen werden.

Mit Reis purzeln die Pfunde

Reis ist als Schlankmacher schon längst bekannt und ist für die »schlanke Küche« ideal, da sich sein Volumen durch die Wasseraufnahme beim Kochen bis auf das Dreifache vergrößert. Ein Sättigungsgefühl tritt deshalb schnell ein, und die enthaltenen Kohlenhydrate bewirken, dass es lange anhält. Beim Natur-Reis liefert die Silberhaut zusätzlich noch wichtige Ballaststoffe, die eine positive Wirkung auf den Magen-Darm-Trakt haben. Ballaststoffe werden vom menschlichen Körper nicht abgebaut. Sie regen die Kautätigkeit an, vergrößern die Nahrungsmenge im Darm und sorgen dafür, dass sich beim Verzehr das Sättigungsgefühl einstellt, ohne dem Körper übermäßige Kalorien zu liefern.

Reis ist zwar eine Vitamin-, aber keine Kalorien-Bombe. Gekochter Reis enthält pro 100 Gramm nur eine Menge von etwa 1 g Fett. So kommt eine Portion von 100 g Weißreis auf einen Brennwert von 93 bis 112 kcal. Je höher der Wassergehalt beim zubereiteten Produkt, desto geringer ist der Kaloriengehalt.

Richtig gekochter purer Reis ist leicht verdaulich. Grund: Der Reis besteht aus Körnern, d. h. kleinen »selbstständigen« Teilchen. Seine Oberfläche ist infolgedessen sehr viel größer als die Oberfläche der gleichen Menge Brot und Kartoffeln, die nicht in so kleinen Teilchen in den Magen gelangen. Die größere Oberfläche bietet dem Stärke spaltenden Enzym Amylase eine größere Angriffsfläche. Die Verdauung wird dadurch erleichtert und beschleunigt – ein großer Vorteil von Reisgerichten.

Tipps zur Reis-Diät

- Trinken Sie viel Flüssigkeit, mindestens zwei bis drei Liter am Tag, hauptsächlich Wasser und ungesüßte Teesorten. Diese helfen mit, den Körper in Hochform zu bringen und Pfunde zu verlieren. Denn wer viel trinkt, spürt auch das Hungergefühl nicht so sehr.
- Bewegung als Ergänzung zu dieser Diät bringt den vollen Erfolg. Gehen Sie doch einfach mal schnellen Schrittes eine halbe Stunde spazieren oder fahren Sie Fahrrad. Auch Kleinigkeiten, wie Treppen laufen statt Fahrstuhl fahren, helfen den Kreislauf und die Figur in Schwung zu halten.
- Achten Sie auf Ihre Salzzufuhr. Wenig Salz wirkt sich günstig auf Ihren Blutdruck aus und damit langfristig auch auf Ihre Gesundheit.

Leichte Frühstücksideen

Schon längst wird die üppige Morgenmahlzeit nur noch zu besonderen Gelegenheiten auf den Tisch gebracht. »In« ist ein schnelles, vollwertiges Frühstück, das alle wichtigen Nähr- und Aufbaustoffe enthält. Es soll Energie liefern – und natürlich gut schmecken. Ob Müsli mit oder ohne Obst, belegte pikante oder süße Brote – hier finden Sie den perfekten Einstieg für den Tag mit nur 200 Kalorien.

Quark-Kokos-Reis mit Orange

Für 1 Portion

1 Kochbeutel 5-Minutenreis (125 g)
750 ml Wasser
1 Prise Salz
1 TL Kokosrapsel
1 kleine Orange
1 EL Magerquark (30 g)
4 EL Milch (1,5 % Fett)
1–2 EL Kokoscreme (aus der Dose)
flüssiger Süßstoff
etwas Zitronenmelisse zum Garnieren

- Den Reis in leicht gesalzenes Wasser geben und 5 Minuten köcheln lassen, herausnehmen, abtropfen lassen. Reis aus dem Kochbeutel nehmen und die Reismenge halbieren. Eine Hälfte für eine weitere Mahlzeit verwenden. Die andere Hälfte abkühlen lassen.
- Kokosraspel in einer Pfanne ohne Fett unter Wenden goldgelb rösten. Herausnehmen und abkühlen lassen. Die Orange schälen. Den Saft dabei auffangen, die Fruchtstücke zwischen den Segmenten herausschneiden und klein schneiden.
- Quark, 1 EL Wasser, Milch und Kokoscreme mischen, Reis und Orangensaft unterrühren, das Ganze mit Süßstoff abschmecken.
- Den Quark-Reis mit den Orangenstücken schichtweise in eine Schale geben. Mit Zitronenmelisse garnieren.

Müsli mit Feigen

Für 1 Portion

1 kleine unbehandelte Orange
2 kleine Feigen
100 g Vollmilchjoghurt
1 TL Honig
3 geh. EL kernige Haferflocken
1 EL Mandelstifte
je 1 Prise Kakao und Zimt

Variante
Statt der frischen Feigen können Sie auch getrocknete verwenden.

- Die Orange waschen, trockentupfen, die Schale abreiben, beiseite stellen und die Frucht schälen. Mit einem scharfen Messer die Segmente zwischen den Trennwänden herausschneiden. Die Hälfte der Orangenfilets würfeln. Die Feigen abspülen, trockentupfen; eine Feige grob würfeln, die zweite vierteln.
- Joghurt, Honig und Orangenschale verrühren und in ein Schälchen geben. Die Haferflocken hinzufügen. Die gewürfelten Fruchtstücke mit den ganzen Filets, den Feigenvierteln und den Mandeln auf dem Müsli verteilen. Mit Kakao und Zimt bestäuben.

Fruchtig-frisches Melonen-Müsli

Für 1 Portion

1 kleine Netz- oder Honigmelone
$^1/_2$ Wassermelone
1 Scheibe Ananas, ungezuckert (aus der Dose)
1 kleine Banane
1 EL Zitronensaft
1 TL Honig
3 EL kernige Haferflocken
gut 1 EL gehackte Kürbiskerne
100 ml Magermilch

- Netz- oder Honigmelone halbieren und das Fruchtfleisch herausholen. Die Wassermelone schälen und entkernen. Das Fruchtfleisch beider Melonen würfeln. Den Saft dabei auffangen.
- Ananas und Banane in Stücke schneiden. Das Obst vermengen und mit Melonen- und Zitronensaft sowie Honig mischen, in eine Schale geben. Mit Haferflocken und Kürbiskernen bestreuen. Mit Milch begießen und sofort servieren.

Fit-Müslimischung

Für 1 Portion

2 getrocknete Aprikosen
1 Kurpflaume
4 EL kernige Haferflocken
10 g Sesam
50 g Weizenkleie
10 g Weizenkeime
2 EL gehackte Haselnüsse

- Aprikosen und Pflaume klein schneiden. Haferflocken und Sesam in einer Pfanne ohne Fett unter Rühren leicht rösten. Abkühlen lassen.
- Weizenkleie, Weizenkeime, Früchte und Haselnüsse unter die Haferflockenmischung geben. Die Mischung in einem Schraubglas aufbewahren.

Spezialtipp

Diese Müslimischung ergibt 150 g (etwa 14 EL Müsli à 10 g; 1 EL Müsli enthält 40 kcal/167 kJ); das reicht für etwa 14 Mahlzeiten.

Müsli mit Aprikose und Banane

Für 1 Portion

1 EL blütenzarte Haferflocken
1 EL kernige Haferflocken
1 sehr kleine Banane
1 getrocknete Aprikose
1 kleiner Apfel
1 EL Sonnenblumenkerne
$^1/_2$ Becher Magermilchjoghurt (75 g)

- Haferflocken mischen. Die Banane schälen, längs halbieren, dann in Scheiben schneiden. Die Aprikose klein schneiden. Den Apfel abspülen, achteln, das Kerngehäuse entfernen, die Achtel in dünne Scheiben schneiden.
- Früchte und Sonnenblumenkerne zu den Haferflocken geben. Magermilchjoghurt unterrühren und sofort anrichten.

Tipp

Probieren Sie statt Sonnenblumenkerne auch gehackte Kürbiskerne.

Morgen-Müsli

Für 1 Portion

3 EL kernige Haferflocken
½ EL gehackte Walnüsse
1 kleiner Apfel
3 EL Kefir (1,5 % Fett)
2 EL Schlagsahne
1 TL Ahornsirup

- Haferflocken und Walnüsse mischen.
- Den Apfel abspülen, halbieren, das Kerngehäuse entfernen; eine Fruchthälfte in Spalten schneiden, die andere grob reiben und unter die Haferflocken mischen.
- Kefir, Sahne und Ahornsirup cremig rühren und über die Mischung geben. Mit den Apfelspalten garnieren.

Apfel-Reis-Müsli

Für 1 Portion

30 g Basmati & Wildreis
60 ml Wasser
1 kleiner Apfel (100 g)
½ Becher (75 g) Joghurt (1,5 % Fett)
2 Kurpflaumen
flüssiger Süßstoff
1 Spritzer Orangensaft

- Den Reis in einem Topf mit Wasser aufkochen und zugedeckt etwa 20 Minuten bei kleiner Hitze ausquellen und anschließend abkühlen lassen.
- Den Apfel waschen, vierteln, vom Kerngehäuse befreien. Fruchtfleisch grob reiben und mit dem Joghurt mischen.
- Die Pflaumen in kleine Stücke schneiden und mit dem Reis unter die Joghurtmasse geben.
- Mit Süßstoff und Orangensaft abschmecken.

Tipp

Wissen Sie, welche Kräfte in einem Apfel stecken? Er enthält mehr als 20 Mineralstoffe. Besonders Kalium und Phosphor regen mit den Fruchtsäuren die Verdauung an. Fruchtzucker bringt sofort Energie, ohne zu belasten. Vitamin A stärkt die Sehkraft.

Müsli mit Hüttenkäse

Für 1 Portion

100 g Hüttenkäse
1 TL Honig
1 kleiner Apfel
1 kleine Orange
1 EL Rosinen
2 EL kernige Haferflocken
1 EL Cashewkerne

- Hüttenkäse in eine Schale geben. Den Honig zufügen.
- Den Apfel abspülen, halbieren, eine Hälfte (die andere Hälfte anderweitig verwenden) über den Hüttenkäse reiben und alles gut durchmischen.
- Die Orange schälen, mit einem scharfen Messer die Segmente zwischen den Trennwänden herausschneiden. Orangenstücke und Rosinen auf den Hüttenkäse geben. Mit Haferflocken und Cashewkernen bestreuen.

Tipp

Hafer enthält mehr Fett als andere Getreidearten; deshalb geöffnete Haferflocken-Packungen trocken und dunkel aufbewahren. Das schützt vor Ranzigwerden und Vitaminverlust.

Erdbeer-Müsli

Für 1 Portion

150 g Erdbeeren
2 EL Fit-Müslimischung (siehe Seite 34)
2 Stiele Zitronenmelisse oder Pfefferminze

- Die Erdbeeren auf einem Sieb abbrausen und gut abtropfen lassen, den Blütenansatz entfernen, Früchte halbieren oder vierteln. Die Fit-Müslimischung in eine Schale geben und die Erdbeeren darauf verteilen.
- Zitronenmelisse oder Minze abspülen, trockentupfen, die Blätter von den Stielen zupfen und eventuell grob schneiden. Über das Müsli streuen.

Exoten-Müsli

Für 1 Portion

1 kleine Mango
2 Scheiben Ananas, ungesüßt (aus der Dose)
4 EL Pinienkerne
150 g milder Joghurt
1 TL Honig
50 g kernige Haferflocken

- Die Mango schälen und in Streifen vom Kern abschneiden. In eine Schale geben. Ananas klein schneiden. Alles mit den Pinienkernen mischen.
- Joghurt und Honig verrühren und über die Fruchtmischung geben. Die Haferflocken darüber streuen. Sofort servieren.

Muntermacher

Für 1 Portion

1 kleine Mango
2 Scheiben Ananas, ungesüßt (aus der Dose)
4 EL Pinienkerne
150 g milder Joghurt
1 TL Honig
50 g kernige Haferflocken

- Die Haferflocken in einen tiefen Teller geben, Honig, Zitronensaft und Kefir zufügen. Die Zutaten verrühren und etwas durchziehen lassen.
- Inzwischen das Obst abspülen. Die Birne achteln, Kerngehäuse entfernen, von den Erdbeeren den Blütenansatz entfernen. Kiwi, Orange und Banane schälen. Das Obst klein schneiden, unter die Haferflocken mischen. Mit den Mandeln bestreuen und sofort servieren.

Spezialtipp
Sie finden in Naturkostläden und Supermärkten eine große Auswahl von Fertigmüslis. Lesen Sie vor dem Kauf die Zutatenliste. Verzichten Sie auf Mischungen, die Zucker enthalten.

Möhrenflocken

Für 1 Portion

1 große Möhre
1 TL Zitronensaft
1 TL brauner Zucker
2 EL Schlagsahne
4 EL kernige Haferflocken

- Die Möhre putzen, waschen, grob oder fein reiben und mit Zitronensaft beträufeln. Zucker, Sahne und Haferflocken hinzugeben und alle Zutaten mischen.

Variante
Sie können auch einen geriebenen Apfel hinzufügen. Das gibt bei einem 100-Gramm-Apfel ein Plus von 54 Kalorien.

Knäcke-Müsli

Für 1 Portion

125 g milder Joghurt
1 TL Honig
1 Kiwi
1 Orange
1 Scheibe dünnes Roggen-Knäckebrot

- Joghurt und Honig miteinander verrühren. Kiwi schälen, halbieren und in grobe Stücke schneiden. Orange schälen, mit einem scharfen Messer die Segmente zwischen den Trennwänden herausschneiden und klein schneiden. Das Obst unter den Joghurt heben.
- Knäckebrot zerbröseln, auf dem Joghurt verteilen und sofort servieren.

Sanddorn-Pflaumen-Müsli

Für 1 Portion

2 Kurpflaumen
$^{1}/_{2}$ Becher (75 g) Magerjoghurt
2 TL Sanddornsaft
1 TL Honig
1 EL gehackte Mandeln
2 EL kernige Haferflocken

- Die Pflaumen klein schneiden, Joghurt, Sanddornsaft und Honig miteinander verrühren.
- Pflaumen, Mandeln und Haferflocken mischen und auf den Sanddorn-Joghurt geben. Sofort servieren.

Joghurt mit Pfirsich und Erdbeeren

Für 1 Portion

1 großer Pfirsich (200 g)	150 g Erdbeeren
1 Becher (150 g) Magerjoghurt	

- Den Pfirsich abspülen, trockentupfen, entsteinen, eine Hälfte würfeln, die andere Hälfte mit einer Gabel pürieren und mit den Pfirsichstücken unter den Joghurt mischen.
- Die Erdbeeren abspülen, den Blütenansatz entfernen. Die Früchte klein schneiden und auf dem Pfirsichjoghurt verteilen.

Tipp
Der Frischtest beim Ei: Geben Sie ein rohes Ei in ein Glas mit Wasser. Wenn das Ei frisch ist, sinkt es zu Boden. Ein 7 Tage altes Ei richtet sich auf, ein 14 Tage altes schwimmt oben. Grund: Je älter das Ei, desto größer ist die Luftblase im Ei.

Knäcke Seemanns Schmaus

Für 1 Portion

1 Ei (Gew. Kl. L)
2 EL Wasser
1 EL Milch
Salz, Pfeffer
geriebene Muskatnuss
gut 1 TL Margarine
50 g küchenfertiges Krabbenfleisch
1 Scheibe Mjölk-Knäckebrot
1 TL TK-Schnittlauch

- Ei, Wasser und Milch verrühren und würzen. Margarine in einer beschichteten Pfanne erhitzen, die Eimischung hineingeben und stocken lassen.
- Rührei und Krabben auf dem Knäckebrot verteilen, mit Schnittlauch bestreuen.

Knäcke Mittsommernacht

Für 1 Portion

50 g kalorienreduzierter Frischkäse mit Buttermilch (z. B. von Du darfst)
1 TL Honig
$^{1}/_{2}$ Scheibe Ananas, ungezuckert (aus der Dose)
1 Scheibe Mjölk-Knäckebrot
1 kleine Kiwi
1 kleine Orange

Variante

Das Knäckebrot mit Zitronenmelisse und frischen Himbeeren garnieren.

- Frischkäse und Honig miteinander verrühren. Ananas klein schneiden und unter den Frischkäse heben. Die Mischung auf das Knäckebrot streichen.
- Kiwi schälen, halbieren und würfeln. Orange schälen, mit einem scharfen Messer die Segmente zwischen den Trennwänden herausschneiden. Die Segmente klein schneiden.
- Das Knäckebrot mit etwas Obst belegen; restliches Obst mischen und dazu essen.

Süßes Quarkbrot

Für 1 Portion

1 Scheibe Vollkornbrot (40 g)
1 TL Halbfettmargarine
1 EL Magerquark (40 g)
1 TL kalorienreduzierte Konfitüre

- Das Brot mit Margarine bestreichen, Magerquark und Konfitüre darauf geben.

Schweden-Knäcke

Für 1 Portion

100 g Magerquark
1 EL Wasser
2 EL Milch
1 TL TK-Petersilie
Salz
frisch gemahlener weißer Pfeffer
Paprika edelsüß
2 Scheiben Lachsschinken
1 Scheibe Vollkornknäckebrot
etwas frische Kresse

- Quark, Wasser und Milch schaumig rühren. Die Petersilie zufügen, mit Salz, Pfeffer, Paprika abschmecken.
- Die Quarkmasse auf den Lachscheiben verteilen, zu Tüten drehen und auf dem Knäckebrot anrichten. Mit restlichem Kräuterquark garnieren. Mit Kresse bestreuen.

Lachsschinkenbrot

Für 1 Portion

1 Scheibe Roggenmischbrot (40 g)
1 TL Butter oder Margarine
1–2 Scheiben Lachsschinken (30 g)
5 Radieschen
Salz
frisch gemahlener weißer Pfeffer
1 TL gehackte Petersilie

- Das Brot mit Butter oder Margarine bestreichen und mit Lachsschinken belegen.
- Radieschen waschen, trockentupfen und in sehr dünne Scheiben schneiden.
- Radieschenscheiben mit Salz, Pfeffer und Petersilie bestreuen und zum belegten Brot essen.

Camembertbrot

Für 1 Portion

1 Scheibe Toastbrot (30 g)	30 g Camembert (30 % F. i. Tr.)
1 TL Halbfettmargarine	1 Tomate (50 g), Salz
4 mit Paprika gefüllte Oliven	frisch gemahlener weißer Pfeffer

- Das Brot toasten, mit Margarine bestreichen und mit den in Scheiben geschnittenen Oliven belegen.
- Den Camembert in Scheiben schneiden und schuppenartig auf der Toastbrotscheibe anrichten.
- Tomate waschen, vierteln, Stängelansätze entfernen.
- Die Tomatenviertel mit Salz und Pfeffer bestreuen.

Kleine Extras für zwischendurch

Diese Kleinigkeiten bieten Abwechslung, enthalten nur 100 Kalorien und belasten den Körper nicht. Zwei dieser Mini-Portionen – vormittags und nachmittags – gehören in Ihr tägliches Programm, wenn Sie bei 1000 Kalorien bleiben wollen. Mögen Sie mehr, bereiten Sie eine oder zwei dieser Mahlzeiten zu.

Gemüse mit Frischkäse-Dip

Für 1 Portion

1 kleine Möhre
1 kleine Stange Bleichsellerie
100 g Salatgurke oder Zucchini

Für den Dip

2 EL Mineralwasser
2 EL kalorienreduzierter Frischkäse mit Kräutern
1 TL Zitronensaft
4 Tropfen Tabasco
frisch gemahlener weißer Pfeffer
1/2 TL TK-Gemischte Kräuter

- Das Gemüse putzen, waschen bzw. schälen und in dünne Streifen schneiden.
- Für den Dip alle Zutaten in einer Schüssel verrühren, mit Gewürzen pikant abschmecken und mit dem Gemüse zusammen essen.

Tipp

Gemüse enthält bioaktive Pflanzenstoffe, die gesundheitsfördernd sind, da sie entweder antimikrobiell, antioxidativ, immunsteigernd oder verdauungsfördernd wirken.

Gefüllte Mangoldblätter

Für 1 Portion

1 EL kalorienreduzierter Brotaufstrich (24 % Fett)
2 EL gewürfelte TK-Zwiebeln
1 Tasse Langkornreis (125 g)
2 Tassen Wasser (1/4 l)
Salz
1 kleine Staude Mangold
150 g pürierte Tomaten (aus der Packung)
1 EL Meerrettich (aus dem Glas)
1 TL TK-Basilikum
weißer Balsamessig

Tipp

Sollte von den Mangoldblättern etwas übrig bleiben, schneiden Sie diese klein und dünsten sie in etwas Salzwasser. Entweder zu den Röllchen servieren oder für eine andere Mahlzeit verwenden.

- Den Brotaufstrich in einem Topf schmelzen lassen, die Zwiebelwürfel zufügen, den Reis einstreuen und darin unter Rühren glasig werden lassen. Wasser zugießen, salzen. Den Reis aufkochen, etwa 20 Minuten ausquellen und abkühlen lassen.
- Die Mangoldblätter putzen und in kochendem Salzwasser etwa 2 bis 3 Minuten ziehen lassen, herausnehmen, kalt abspülen, abtropfen lassen und anschließend die Stiele entfernen.
- Den Reis mit pürierten Tomaten, Meerrettich und Basilikum verrühren. Diese Mischung auf den Mangoldblättern verteilen, jeweils seitlich einschlagen und aufrollen.
- Mangoldröllchen zum Servieren schräg in 2 cm breite Scheiben schneiden. Nach Geschmack mit weißem Balsamessig beträufeln.

Gefüllte Tomate mit Geflügelsalat

Für 1 Portion

1 Tomate
1 TL Schnittlauchröllchen (frisch oder TK)
50 g kalorienreduzierter Geflügelsalat

- Von der Tomate waagerecht einen Deckel abschneiden, die Tomate aushöhlen, Fruchtfleisch klein schneiden. Mit dem Schnittlauch unter den Geflügelsalat heben und Tomate damit füllen.

Käse-Tomaten-Brot

Für 1 Portion

1 Scheibe Roggenvollkornbrot
1 TL Halbfettmargarine
1 Tomate
1 Scheibe (30 g) Edamer Käse (30 % F. i. Tr.)
$^{1}/_{2}$ Pck. Kresse

- Brot mit Margarine bestreichen und mit Käse belegen.
- Tomate waschen, Stängelansätze entfernen; Tomate in Scheiben schneiden und auf dem Käsebrot verteilen. Mit Kresse bestreuen.

Wurstbrot mit Kresse

Für 1 Portion

1 Scheibe Knäckebrot
10 g kalorienreduzierte Kalbsleberwurst
1 TL Halbfettmargarine
1 EL Kresse

- Knäckebrot mit Margarine und Leberwurst bestreichen. Mit Kresse bestreuen.

Gurken-Rettich-Salat

Für 1 Portion

100 g Salatgurke
100 g Rettich
1 Tomate
Salz
frisch gemahlener weißer Pfeffer
1 TL TK-8-Kräuter-Mischung
1 TL gehackte Sonnenblumenkerne

- Salatgurke, Rettich und Tomate waschen, trockentupfen und in dünne Scheiben schneiden. Das Gemüse in einer Schüssel mischen, salzen und pfeffern. 15 Minuten durchziehen lassen. Mit Kräutern und Sonnenblumenkernen bestreuen.

Gut zu wissen
Ein normaler Biergartenrettich deckt den Tagesbedarf eines Erwachsenen an Vitamin C. Er liefert etwas Eiweiß, Karotin, einige B-Vitamine, reichlich Kalium, Natrium, Magnesium, Kalzium, Phosphor, Eisen und Enzyme, vor allem schwefelhaltiges Öl, Raphanol, sowie einige Senfölglukoside und Bitterstoffe mit antibiotischer Wirkung.

Zucchini-Knäcke

Für 1 Portion

100 g Zucchini
Salz
2 Scheiben Vollkornknäckebrot
1/2 TL Halbfettbutter
1 TL Tomatenmark
schwarzer Pfeffer
2 TL TK-Schnittlauch oder TK-Basilikum

- Zucchini waschen, trockentupfen und grob raspeln, mit Salz bestreuen, mischen und 10 Minuten durchziehen lassen.
- Die Knäckebrotscheiben erst mit Butter, dann mit Tomatenmark bestreichen. Mit Pfeffer und Schnittlauch oder Basilikum bestreuen.

Variante
Statt mit Zucchini können Sie das Knäckebrot auch mit Gurkenscheiben belegen.

Frische Paprika mit Knäckebrot

Für 1 Portion

1 grüne Paprikaschote (200 g)

1 Scheibe Knäckebrot

- Paprika waschen, putzen, vierteln, die weißen Trennwände und Kerne entfernen. Die Paprikaviertel zum Knäckebrot essen.

Gut zu wissen

Paprikaschoten sind kalorienarm, enthalten Ballaststoffe, Provitamin A, Vitamin E, K, B_6 Folsäure und Vitamin C. Rote Schoten enthalten mehr Provitamin A als grüne; mit einer roten Paprika ist der Tagesbedarf an Provitamin A und Vitamin B_6 zur Hälfte gedeckt. Für den täglichen Bedarf an Vitamin C reicht schon etwa eine halbe rote oder eine grüne Parika aus.

Erdbeerquarkcreme

Für 1 Portion

125 g Magerquark

2–3 EL Mineralwasser

$^1/_4$–$^1/_2$ Pck. Vanillinzucker

100 g Erdbeeren

1 EL gehackte Sonnenblumenkerne

Tipp

Erdbeeren enthalten Kalium, Fruchtsäuren, Folsäure und viel Vitamin C (62 mg Vitamin C in 100 g Erdbeeren).

- Quark und Mineralwasser in einer Schüssel verrühren, Vanillinzucker nach Geschmack untermischen.
- Die Erdbeeren abbrausen, den Blütenansatz entfernen; zwei Drittel der Erdbeeren pürieren, unter den Quark rühren und in ein Portionsförmchen füllen. Restliche Erdbeeren in Scheiben schneiden und auf der Creme verteilen.
- Mit Sonnenblumenkernen bestreut anrichten.

Vollkornzwieback mit Konfitüre

Für 1 Portion

2 Vollkornzwiebäcke
2 TL Diät-Konfitüre (Aprikose)
2–3 frische Minzeblätter

- Zwieback mit der Konfitüre bestreichen. Minzeblätter abspülen, trockenschwenken und grob zerkleinern. Auf die Zwiebäcke legen.

Exotischer Fruchtsalat

Für 1 Portion

$^1/_2$ Mango
1 Kiwi
50 g Erdbeeren
flüssiger Süßstoff

- Mango schälen, Fruchtfleisch vom Kern abschneiden. 100 g Fruchtstücke abwiegen und würfeln, den Rest anderweitig verwenden.
- Kiwi schälen und in Scheiben schneiden. Die Erdbeeren abspülen, den Blütenansatz entfernen. Erdbeeren vierteln oder halbieren.
- Das Obst mischen und mit Süßstoff nach Geschmack süßen.

Tipp

Kiwis enthalten das eiweißspaltende Enzym Actinidin, das Fleisch zart, jedoch Milchprodukte bitter und Gelatinespeisen nicht fest werden lässt. Deshalb: Kiwischeiben für Desserts blanchieren, durch das Kochen wird das Enzym inaktiviert.

Vanille-Joghurt

Für 1 Portion

75 g Mager-Joghurt
$^1/_2$ Pck. Vanillinzucker
1 Pfirsich (125 g)

- Joghurt und Vanillinzucker gut verrühren.
- Pfirsich abspülen, trockentupfen, das Fruchtfleisch in Spalten vom Stein schneiden und zum Joghurt essen.

Kalte Melonensuppe

Für 1 Portion

1 kleine Netz- oder Honigmelone
1 Stück Salatgurke (150 g)
1 mittelgroße Tomate
1 EL Schmelzflocken (Instant)
Salz, Pfeffer
1 TL Zitronensaft, 1 Prise Zucker
30 g Tiefseekrabben
2 EL TK-Dill

- Melone vierteln und Schale und Kerne entfernen; Fruchtfleisch würfeln.
- Gurke schälen, entkernen und würfeln. Tomate kreuzweise einritzen, mit kochendem Wasser übergießen, die Tomate häuten und vierteln. Die Stängelansätze entfernen.

- Die Hälfte der Melonenwürfel, Gurken- und Tomatenstücke und Schmelzflocken in einen Mixbecher geben und pürieren. Mit Salz, Pfeffer, Zitronensaft und Zucker abschmecken. 20 Minuten kühl stellen.
- Kurz vor dem Servieren die Tiefseekrabben in die Suppe rühren. Mit Dill bestreuen. Sofort servieren.

Gurken-Drink mit Kresse

Für 1 Portion

1 Salatgurke (ca. 500 g)	1 EL Zitronensaft
1 Tablett Kresse	Salz, Curry
500 ml Molke	etwas Cayennepfeffer

- Salatgurke schälen und in grobe Stücke schneiden. Kresse mit der Schere abschneiden. Molke, Gurkenstücke und die Hälfte der Kresse im Aufsatz des Mixers pürieren. Zitronensaft zugeben. Mit Salz, Curry und wenig Cayennepfeffer würzen. In Gläser füllen und mit der restlichen Kresse bestreut servieren.

Tipp

Je mehr Kresse zugegeben wird, desto pikanter ist der Drink. Kresse enthält viel Vitamin A und C und ergänzt somit bestens die Vitamine der B-Gruppe, die in der Molke vorkommen.

Buttermilch-Tomaten-Drink

Für 1 Portion

200 g reine Buttermilch	Salz
100 ml Tomatensaft	frisch gemahlener weißer Pfeffer
etwas geriebener Meerrettich	1 TL TK-Petersilie

- Buttermilch und Tomatensaft verquirlen, Meerrettich einrühren, mit den Gewürzen abschmecken und mit Petersilie bestreuen.

Kräuter-Kefirmix

Für 1 Portion

150 ml Kefir
4 EL TK-Petersilie
1 EL Schmelzflocken (Instant)
Salz
frisch gemahlener weißer Pfeffer

- Kefir und Petersilie in einen Mixbecher geben und pürieren. Schmelzflocken einrühren und den Kräuter-Kefir mit Salz und Pfeffer würzen. In ein gekühltes Glas gießen. Sofort servieren.

Pfirsich-Vanillemilch

Für 1 Portion

1 kleiner Pfirsich (frisch oder aus der Dose)
75 ml Vollmilch
1 Prise Bourbon-Vanille
1 geh. EL Instant-Haferflocken

- Den Pfirsich halbieren und entsteinen. Die Fruchtstücke klein schneiden und mit dem Pürierstab zerkleinern. Milch und Vanille zugeben, durchrühren und die Haferflocken unterrühren.
- In ein gekühltes Glas geben und servieren.

Apfel-Drink

Für 1 Portion

1 kleiner Apfel (100 g)
150 g Buttermilch
1 EL Zitronensaft
flüssiger Süßstoff

- Den Apfel schälen, vierteln, entkernen und auf einer Rohkostreibe reiben. Mit Buttermilch und Zitronensaft in einen Mixbecher geben und verrühren. Mit Süßstoff nach Geschmack abschmecken.
- Zum Anrichten in ein gekühltes Glas füllen.

Apfel-Trauben-Drink

Für 1 Portion

100 ml Apfelsaft
100 ml roter Traubensaft
25 g Vollmilch-Joghurt
$^1/_2$ TL Honig
$1^1/_2$ EL Schmelzflocken (Instant)
30 g Weintrauben

- Apfel- und Traubensaft, Joghurt und Honig in einen Mixbecher geben und mit dem Pürierstab verrühren. Die Schmelzflocken einrühren und in gekühlte Gläser füllen.
- Zum Garnieren die Weintrauben an den Glasrand hängen.

Mango-Mix mit Quark

Für 1 Portion

1 reife Mango
1 TL Zucker
$^1/_4$ l eisgekühlte Milch
1 EL Magerquark
1 EL Schmelzflocken (Instant)
2 Stiele frische Pfefferminze oder Zitronenmelisse

- Die Mango schälen, das Fruchtfleisch vom Kern lösen und klein schneiden.
- Die Zutaten nacheinander in den Mixbecher geben und mit dem Pürierstab schaumig schlagen. In ein gut gekühltes Glas gießen. Mit Pfefferminze oder Zitronenmelisse garnieren.

Hauptgerichte mit und ohne Fleisch und Fisch

Kerniger Reis, kombiniert mit knackigen Salaten, würzigen Kräutern und saftigem Obst oder asiatisches Curry mit saftigen Hähnchenfleischstreifen, Zuckerschoten, Champignons und Kokosmilch - das sind nur einige der köstlichen Reis-Gerichte. Ob Sie diese Hauptgerichte mit 400 Kalorien mittags oder abends essen, spielt keine Rolle, hier finden Sie Vorschläge für jeden Geschmack. Und immer ist Reis mit von der Partie.

Fruchtiger Reissalat

Für 1 Portion

375 ml Wasser
1 Prise Salz
62,5 g Langkornreis
1 kleine rote Paprikaschote (100 g)
1 Apfel (125 g)
50 g kalorienreduzierte Wurst
50 g kalorienreduzierter Joghurt (1,5 % Fett)
1 EL TK-Schnittlauch
1 TL Sambal Oelek
Außerdem:
1 Scheibe Knäckebrot als Beilage

- Wasser und Salz aufkochen. Den Reis zugeben und bei schwacher Hitze im offenen Topf 12 bis 15 Minuten garen. In einem Sieb abgießen, gut abtropfen und abkühlen lassen.
- Paprikaschote waschen, putzen, vierteln, weiße Trennwände und Kerne entfernen; die Viertel klein würfeln. Apfel waschen, trockentupfen, vierteln, entkernen, die Viertel würfeln. Die Wurst häuten und ebenfalls in Würfel schneiden.
- Alle Zutaten unter den Reis heben. Joghurt, Schnittlauch und Sambal Oelek verrühren und unter den Salat mischen.

Gut zu wissen

Sambal ist eine küchenfertige, sehr scharfe Würzpaste. Sie gibt den Gerichten eine pikante Note. Es gibt mehrere Sorten: Sambal Badjak enthält Krabbenpastete, Sambal Oelek ist scharf, Sambal Manis ist süßlich.

Roter Reissalat mit Estragon und Scampi

Für 1 Portion

30 g roter Camargue-Reis (aus dem Reformhaus)
1 EL Halbfettbutter
125 ml Wasser
1 Prise Salz
1 Frühlingszwiebel
1 kleine gelbe Paprikaschote
5 mit Paprika gefüllte Oliven
einige Zweige Estragon
1–2 EL Weißweinessig
frisch gemahlener weißer Pfeffer
150 g Scampi

- Den Reis in der Butter andünsten. Wasser und Salz zugeben und zugedeckt 20 Minuten garen, von der Kochstelle nehmen und noch 30 Minuten im Topf ausquellen und abkühlen lassen.

- Frühlingszwiebel schräg in Ringe schneiden. Die Paprikaschote vierteln, weiße Trennwände und Kerne entfernen. Die Viertel in Streifen schneiden. Mit den Frühlingszwiebeln unter den Reis mischen. Estragonblätter von den Stielen zupfen. Oliven, Estragonblätter und Öl unter den Reis heben.
- Essig, Salz und Pfeffer verrühren und den Reissalat damit würzen. Zugedeckt etwa 10 Minuten durchziehen lassen.
- $^1/_2$ Liter leicht gesalzenes Wasser aufkochen, den Topf vom Herd nehmen, die Scampi hineingeben und 5 Minuten darin ziehen lassen. Die Scampi herausnehmen, aus der Schale brechen und das Fleisch im und auf dem Salat verteilen.

Gut zu wissen
Der rote Camargue-Reis kommt – wie der Name schon sagt – aus der französischen Camargue. Hier wird er nach den Richtlinien des kontrollierten Anbaus produziert.

Reissalat mit Krabben und Pesto

Für 1 Portion

Für den Salat
375 ml Gemüse-Bouillon
62,5 g Langkornreis
1 Pck. TK-Suppengrün
1 EL Keimöl
Salz, Cayennepfeffer

Für das Pesto
1 EL TK-Petersilie
1 TL gemahlene Mandeln
1 EL geriebener Parmesan
etwas Knoblauchpulver
$1^1/_2$ – 2 EL Basilicoöl
(z.B. von Mazola)
50 g Tiefseekrabbenfleisch

- Für den Salat Bouillon und Reis bei mittlerer Hitze aufkochen und ohne Deckel etwa 15 bis 20 Minuten bei schwacher Hitze köcheln lassen. Den Reis über einem Sieb abgießen, gut abtropfen und abkühlen lassen.
- Suppengrün im Öl andünsten. Mit Salz und Cayennepfeffer würzen und abkühlen lassen.
- Für das Pesto Petersilie, Mandeln, Parmesan, Knoblauch, Basilicoöl und Krabbenfleisch zu einer cremigen Sauce verrühren.

Tipp
Für das Pesto können Sie auch fertiges Pesto aus dem Glas verwenden. Und statt des Tiefseekrabbenfleisches schmeckt auch Nordseekrabbenfleisch.

Exotischer Reissalat

Für 1 Portion

Tipp
Statt Ananas können Sie auch 1 EL gemischtes Obst, z. B. Obstcocktail aus der Dose, verwenden.

Für den Salat

40 g Naturreis
100 ml Wasser
1 Prise Salz
1 Granatapfel
1 Scheibe Ananas, ungezuckert (aus der Dose)
1 Scheibe kalorienreduzierter Gouda-Käse

Für die Marinade

1 EL Zitronensaft
1 TL Honig
75 g Magerquark
1 TL Sambal Oelek
etwas Zitronenmelisse

- Für den Salat den Reis in gesalzenem Wasser aufkochen; zugedeckt bei schwacher Hitze etwa 25 Minuten kochen lassen. Der Reis nimmt das Wasser völlig auf. Den Reis abkühlen lassen.
- Ananas würfeln, Käse in Streifen schneiden. Granatapfel halbieren, die Kerne mit einem Teelöffel herausholen, dabei den Saft auffangen.
- Für die Marinade Zitronensaft, Honig und Quark verrühren, den Granatapfelsaft und Sambal Oelek einrühren.
- Reis, Ananas und Käsestreifen mischen. Die Marinade unterheben. Auf einem Teller anrichten und mit den Granatapfelkernen bestreuen.

Reissuppe mit Erbsen

Für 1 Portion

2 EL Basilico-Öl
(z. B. von Mazola)
30 g Langkornreis
1 TL TK-Knoblauch
1 Pck. TK-Suppengrün
500 ml Wasser
1 TL Gemüse-Kraftbouillon
50 g breite Bohnen
150 g TK-Junge Erbsen
2 Scheiben Parmaschinken
1 EL TK-Basilikum
1 TL geriebener Parmesan

Tipp
Wenn Sie keine breiten Bohnen bekommen, nehmen Sie einfach 50 g TK-Junge Bohnen, die Sie etwas klein schneiden.

- 1 EL Basilico-Öl in einen Topf geben, Reis einstreuen, Knoblauch zugeben und kurz anschwitzen. Suppengrün zufügen und kräftig andünsten. Mit Wasser aufgießen, aufkochen, Gemüse-Kraftbouillon zugießen.
- Bohnen waschen und in Stücke schneiden, in die Bouillon geben und 15 Minuten garen, die Erbsen hinzufügen und weitere 8 Minuten köcheln lassen.
- Parmaschinken in Streifen schneiden und ohne Fett in einer beschichteten Pfanne knusprig braten, herausnehmen. Zum Ablöschen etwas Bouillon in die Pfanne geben, den Bratensatz lösen und die Flüssigkeit zurück in die Suppe geben. Basilikum in die Suppe rühren.
- Zum Servieren die Suppe in einen Teller geben, mit Parmesan bestreuen und mit dem restlichen Basilico-Öl beträufeln. Den Parmaschinken dazu essen.

Chicken-Thai-Curry

Für 2 Portionen

200 g Hähnchenbrustfilet
50 g Zuckerschoten
50 g frische Champignons
1 Mango
1 EL TK-Knoblauch
1 EL Keimöl
Salz, Pfeffer
100 ml Kokosmilch, ungesüßt
100 ml Geflügelfond
(aus dem Glas)
2 EL Crème fraîche
etwas frischer Koriander

Tipp
Dazu passt Basmati-Reis, unter den Sie etwas geriebene Orangenschale rühren können.

- Das Hähnchenfilet abspülen, trockentupfen und in Streifen schneiden. Zuckerschoten putzen, waschen und eventuell halbieren. Champignons mit Küchenpapier abtupfen, in Scheiben schneiden. Mango schälen, das Fruchtfleisch vom Stein schneiden und pürieren.
- Öl in einer Pfanne erhitzen, Hähnchenstreifen darin knusprig anbraten. Knoblauch, Zuckerschoten und Champignonscheiben zugeben. Mit Salz und Pfeffer würzen. Alles aus der Pfanne nehmen, warm stellen. Den Bratfond mit Kokosmilch und Geflügelfond ablöschen und etwas einkochen lassen.
- Mangopüree, Fleisch und Crème fraîche zufügen, einmal aufkochen lassen und mit dem Koriander bestreut anrichten.

Hühnersuppe mit Reis

Für 2 Portionen

200 ml Wasser	2 EL Pflanzenöl
Salz	400 ml Hühnerbrühe (Instant)
80 g Langkornreis (z. B. Ideal-Reis)	100 ml Kokosnussmilch-Extrakt
1 Stück Ingwerwurzel (2 cm)	1 TL Chilipaste
1 Zwiebel	1 EL Fischsauce
8 Stiele frischer thailändischer Koriander mit Wurzel	frisch gemahlener weißer Pfeffer
250 g Hähnchenbrustfilet	2 frische Eier (Größe S)
	1 EL TK-Schnittlauch

- Wasser und Salz aufkochen, den Reis zugeben und bei mittlerer Hitze zugedeckt 12 bis 15 Minuten ausquellen lassen.
- Ingwer schälen und fein würfeln, Zwiebel abziehen und fein hacken. Koriander abspülen, trockenschwenken, die Blätter grob und die Wurzel fein schneiden. Das Hähnchenbrustfilet trockentupfen und in 1 cm breite und 4 cm lange Streifen schneiden.
- Das Öl im Wok erhitzen, die Hähnchenstreifen darin 1 Minute unter Rühren kurz anbraten, Zwiebelwürfel zufügen, mit Hühnerbrühe aufgießen und bei schwacher Hitze 1 Minute ziehen lassen. Kokosnussmilch-Extrakt, Chilipaste, Fischsauce und Pfeffer zugeben. Den gegarten Reis unterrühren.
- Eier mit etwas Brühe verrühren und in eine vorgewärmte Schüssel geben, die heiße Suppe darüber gießen. Ingwer, Schnittlauch und Korianderblätter und -wurzel darüber streuen. Sofort servieren.

Variante

4 in Wasser eingeweichte, vom Stiel befreite und grob gehackte Tongu-Pilze mit den Hähnchenstreifen in den Wok geben.

Reispfanne mit Hähnchenfilet

Für 1 Portion

60 g Langkornreis (z. B. Ideal-Reis)
150 ml Wasser
1 Prise Salz
50 g Champignons
1/2 kleine Fenchelknolle (50 g)
1 Möhre (80 g)
120 g Hähnchenbrustfilet
1 EL Keimöl
1 EL gewürfelte TK-Zwiebeln
1 EL TK-Knoblauch
frisch gemahlener weißer Pfeffer
1 Msp. Zimt
Paprika rosenscharf
3–4 Tropfen Süßstoff
Saft von 1 kleinen Orange
100 ml Gemüsebrühe (Instant)

- Den Reis in einem Topf mit leicht gesalzenem Wasser aufkochen, zugedeckt bei mittlerer Hitze 15 bis 20 Minuten ausquellen lassen. Den Reis warm stellen.
- Champignons putzen und in Scheiben schneiden. Fenchel und Möhre in Streifen schneiden. Das Hähnchenbrustfilet abspülen, mit einem sauberen Geschirrtuch trockentupfen und anschließend grob würfeln.
- Öl in einer Pfanne erhitzen, Zwiebelwürfel darin andünsten, Hähnchen zufügen und 5 Minuten kräftig braten, herausnehmen und warm stellen. Gemüse und Knoblauch in die Pfanne geben, mit Salz, Pfeffer, Zimt, Paprika und Süßstoff würzen und unter Wenden 4 Minuten braten.
- Orangensaft und Gemüsebrühe zugießen. Das Hähnchenfleisch und den Reis unterrühren. Noch 1 Minute köcheln lassen und sofort servieren.

Variante

Wer es festlicher mag, kann den Reis zu der Hähnchenpfanne auch separat servieren.

Putengulasch süß-sauer

Für 2 Portionen

200 g Putenbruststeaks
1 TL Pflanzenöl
1½ EL TK-Knoblauch-Duo
25 g TK-Suppengrün, Salz
frisch gemahlener weißer Pfeffer
Paprika, edelsüß
Je ½ rote und grüne Paprikaschote (je 70 g)
60 ml Ananassaft
70 g Ananasstücke (aus der Dose)
100 g Joghurt (1,5 % Fett)
1 TL TK-Petersilie, 1 Pr. Zucker

Variante
Als Beilage servieren Sie Oryza 5-Minutenreis. Anstatt der Putensteaks können Sie auch Hähnchenbrust nehmen.

- Putenbruststeaks trockentupfen und in gleichmäßige Würfel schneiden.
- Putenwürfel in Öl (bei kleiner Hitze) unter Wenden anbraten, aus der Pfanne nehmen und warm stellen.
- Knoblauch-Duo und Suppengrün in die Pfanne geben, 5 Minuten glasig braten, würzen. Ananassaft und gewürfelte Paprikastücke zufügen. Das ganze zugedeckt (bei mittlerer Hitze) etwa 5 bis 8 Minuten dünsten. Putenfleisch und Ananasstücke zugeben und weitere 5 Minuten dünsten.
- Joghurt und Petersilie unterrühren. Das Putengulasch nach Ihrem Geschmack mit Salz, Zucker, Paprika würzen. Nicht mehr aufkochen.

Kokoshuhn

Für 2 Portionen

120 g Thai-Reis
240 ml Wasser
1 Prise Salz
400 g Hähnchenbrustfilet
Salz
frisch gemahlener weißer Pfeffer
2 EL Pflanzenöl
1 rote und grüne Peperoni
125 ml Kokosmilch, ungesüßt
1 Dose Geflügelcremesuppe
etwas Ingwerpulver
1 EL Sojasauce
2 EL gehackte Erdnusskerne
einige Korianderblätter

- Reis, Wasser und Salz aufkochen und bei kleiner Hitze etwa 12 Minuten sprudelnd kochen lassen. Den Reis in ein Sieb gießen, abtropfen lassen und warm stellen.
- Das Fleisch abspülen, trockentupfen, würfeln, salzen, pfeffern und in heißem Öl goldbraun anbraten.
- Peperoni halbieren, Stiel und weiße Kerne entfernen, in Streifen schneiden und zum Fleisch geben. Mit Kokosmilch und Geflügelcremesuppe aufgießen, mit Ingwer, Sojasauce, Salz und Pfeffer abschmecken. Etwa 7 Minuten zugedeckt leise kochen lassen.
- Eventuell mit grob gehackten Erdnusskernen und Korianderblättern bestreuen.

Tipp

Peperoni sind zum Würzen hervorragend geeignet. Dazu den Stielansatz entfernen. Die Peperoni längs halbieren und in Ringe schneiden. Weniger scharf würzen sie, wenn die Kerne und Seitenrippen entfernt werden. Mit den Händen nicht in Augennähe kommen. Hände waschen oder mit Handschuhen arbeiten.

Schweinefilet mit Zucchini

Für 2 Portionen

125 g Langkorn & Wildreis
Salz
250 g Schweinefilet
1 Zucchino, 1 EL Olivenöl
Pfeffer
2 EL gewürfelte TK-Zwiebel
2 EL TK-Knoblauch
100 ml trockener Rotwein
1 Pck. stückige Tomaten (375 g)
2 EL TK-Kräuter der Provence

- Den Reis in 250 Milliliter gesalzenen Wasser aufkochen lassen. Zugedeckt 20 Minuten garen. Warm stellen.
- Das Schweinefilet abspülen, trockentupfen und in dünne Scheiben schneiden. Vom Zucchino Spitze und Stielansatz entfernen, Zucchino längs halbieren und in dünne Scheiben schneiden.
- Das Fleisch in heißem Öl knusprig anbraten, mit Salz und Pfeffer würzen. Herausnehmen, warm stellen und im restlichen Bratfett die Zucchinischeiben anbraten. Zwiebel und Knoblauch zugeben, kurz mitdünsten und mit Rotwein ablöschen.
- Tomatenstücke und Fleisch zugeben. Noch einmal aufkochen lassen und abschmecken. Kräuter der Provence unterheben. Mit dem Reis anrichten.

Putenrouladen mit Spinat und Käse

Für 2 Portionen

200 g Putenbruststeaks
37,5 g TK-Blattspinat (1/2 Würfel aus der Portionierpackung)
20 g geriebener Parmesankäse
Salz, Pfeffer
20 g Butterschmalz
1 EL TK-Zwiebeln, gewürfelt
100 g gewürfelte Tomaten
75 g Joghurt (1,5 % Fett)
1 EL TK-Basilikum

Serviertipp
Dazu schmeckt Oryza 5-Minutenreis sehr gut.

- Putenbruststeaks trockentupfen und flach drücken, das heißt vergrößern. Joghurt-Marinade aus der Packung beiseite stellen.

- Spinat mit 1 EL Wasser in einem Topf auftauen, ausdrücken und mit $1^1/_2$ EL Parmesankäse, Salz und Pfeffer auf den Steaks verteilen. Die Steaks aufrollen, feststecken und in Butterschmalz anbraten. Zugedeckt (bei kleiner Hitze) 8 bis 10 Minuten schmoren lassen. Rouladen herausnehmen und warm stellen.
- Zwiebel- und Tomatenwürfel ins Bratfett geben und 3 Minuten köcheln lassen.
- Restlichen Parmesankäse, Joghurt und Basilikum einrühren. Rouladen in die Tomatensauce setzen und noch 5 Minuten ziehen lassen.
- Die Rouladen schräg in zweifingerdicke Scheiben schneiden und mit der Tomatensauce anrichten.

Schweinefleisch mit Chinakohl

Für 2 Portionen

200 g Schweinefleisch
300 g Chinakohl
1 kleine Stange Porree (100 g)
1 EL Keimöl
1 TL Speisestärke
150 ml Gemüsefond
(aus dem Glas)
2 EL Essig
2 EL trockener Sherry
1 EL Sojasauce
1 gute Msp. Chilipaste
2–3 Süßstofftabletten
frischer Koriander

Tipp
Für die zweite Portion können Sie sich Besuch einladen oder Sie essen diese am nächsten Tag oder frieren sie ein.

- Das Fleisch abspülen, trockentupfen und in fingerdicke Streifen schneiden. Das Gemüse putzen, waschen. Chinakohl und Porree in Streifen schneiden.
- Öl in einer Pfanne erhitzen, das Fleisch darin von allen Seiten anbraten, Gemüse hinzufügen und unter Wenden 3 Minuten weitergaren. Speisestärke darüber streuen und das Ganze noch einmal gut umrühren.
- Gemüsefond aufgießen. Mit Essig, Sherry, Sojasauce ablöschen und je nach Geschmack mit Chilipaste und Süßstoff mehr oder weniger scharf würzen. Alles noch einmal aufkochen lassen. Zum Servieren mit Koriander bestreuen.

Lammragout mit Oliven

Für 2 Portionen

Für den Reis:
2 EL gewürfelte TK-Zwiebeln
125 g Langkorn-Wildreismischung
250 g Wasser
etwas Salz
1 EL TK-Kräuter der Provence

Für das Lammragout:
300 g Lammfleisch (Keule)
2 EL Olivenöl
2 EL TK-Zwiebeln
1 TL TK-Knoblauch
$^1/_4$ l Rotwein
5 EL Wasser
2 EL TK-Kräuter der Provence
40 g schwarze Oliven

- Für den Reis die Zwiebelwürfel anbraten, den Reis zufügen, mit Wasser aufgießen, salzen und zugedeckt 20 Minuten ausquellen lassen.
- Für das Lammragout Fleisch abspülen, trockentupfen und in daumengroße Stücke schneiden. Öl erhitzen und die Fleischwürfel darin rundherum knusprig anbraten. Zwiebeln und Knoblauch zufügen und mit Salz und Pfeffer würzen. Mit Rotwein und Wasser ablöschen, die Kräuter zufügen und zugedeckt etwa 30 Minuten schmoren lassen.
- Die Oliven unterrühren und weitere 20 Minuten zugedeckt bei kleiner Hitze köcheln lassen.
- Vor dem Servieren die Kräuter der Provence unter den Reis heben. Das Ragout mit dem Kräuterreis anrichten.

Tipp

Lammfleisch sollte stets frisch gekauft werden. Es schmeckt besser und hat wesentlich mehr wertvolle Inhaltsstoffe.

Gut zu wissen
Oregano ist wilder Majoran. Er ist würzig und schmeckt schärfer als Majoran.

Fisch mediterran

Für 2 Portionen

1 sehr kleiner Zucchino (100 g)
5 kleine Champignons
1 Pck. TK-Schlemmerfilet (450 g)
1 Beutel Spitzen-Langkornreis (125 g)
1 kleine Tomate
etwas frischer Oregano

- Den Backofen auf 220 °C (Umluft 190 °C, Gas: Stufe 4–5) vorheizen.
- Den Zucchino abspülen, trockentupfen, Spitze und Stielansatz entfernen, Zucchino würfeln. Champignons mit Küchenpapier abtupfen und in Scheiben schneiden.
- Vom Schlemmerfilet die Folie der Aluschale entfernen. Das Filet aus der Form heben, die Hälfte des Zucchinos und der Champignons in die Form geben. Das Filet wieder in die Aluschale auf das Gemüse setzen. Die Form in den vorgeheizten Backofen, mittlere Schiene, auf den Rost stellen und den Fisch etwa 30 bis 35 Minuten garen.
- Nach 20 Minuten die restlichen Zucchiniwürfel und Champignonscheiben auf dem Fischfilet verteilen.
- In der Zwischenzeit den Reisbeutel in 1 l leicht gesalzenes Wasser geben und bei schwacher Hitze 15 Minuten kochen lassen. Das Fischfilet mit dem Gemüse und dem Reis auf einem Teller anrichten. Mit Tomate und Oregano garnieren.

Lachsfilet mit Zwiebeln

Für 2 Portionen

60 g Basmatireis
120 ml Wasser
Salz
150 g Lachsfilet
2 junge Frühlingszwiebeln
1 Mango
1 TL Keimöl
1 TL TK-Knoblauch
$^1/_2$ TL Speisestärke
150 ml Fischfond (aus dem Glas)
1 TL Sojasauce
3 EL Schlagsahne
1 EL trockener Sherry
etwas abgeriebene Zitronenschale

- Reis im gesalzenen Wasser aufkochen, bei schwacher Hitze etwa 12 Minuten sprudelnd kochen lassen. In einem Sieb abgießen, abtropfen lassen und warm stellen.
- Lachsfilet in 2 cm große Stücke schneiden, dabei eventuelle Gräten herausziehen. Frühlingszwiebeln waschen, trockentupfen und in Ringe schneiden. Mango schälen, das Fruchtfleisch vom Stein schneiden und pürieren.
- Öl in einer Pfanne erhitzen, die Lachswürfel darin von allen Seiten anbraten, Knoblauch zufügen, Speisestärke darüber streuen, alles einmal wenden und aus der Pfanne nehmen.
- Mit Fischfond, Sojasauce, Sahne und Sherry ablöschen, kurz aufkochen und das Mangopüree zufügen, alles verrühren, einmal aufkochen lassen. Fisch mit dem Gemüse in die Pfanne geben. Über dem Basmatireis etwas abgeriebene Zitronenschale verteilen. Mit dem Lachsfilet sofort servieren.

Reispfanne mit Garnelen

Für 2 Portionen

750 ml Wasser
125 g 5-Minutenreis(von Oryza)
Salz
150 g getrocknete, in Öl eingelegte Tomaten
1 EL TK-Knoblauch mit Zwiebeln (z. B. Knoblauch-Duo)
1 EL TK-Suppengrün
1 Msp. Chilipaste oder Sambal Oelek
100 ml Gemüsebouillon (Instant)
130 g Garnelenfleisch
frisch gemahlener weißer Pfeffer
1 EL TK- Petersilie

- Wasser und Salz in einem Topf aufkochen, den Reis hineingeben und 5 Minuten bei schwacher Hitze kochen lassen.

- Die getrockneten Tomaten in dünne Streifen schneiden. Das Öl dabei auffangen und in eine beschichtete Pfanne laufen lassen, Knoblauch mit Zwiebeln, Suppengrün und Chilipaste oder Sambal Oelek zufügen, unter Rühren glasig werden lassen, mit der Gemüsebouillon aufgießen.
- Den Reis in einem Sieb abgießen und sehr gut abtropfen lassen.
- Garnelenfleisch und den Reis zugeben und darin erwärmen; alles mit Salz, Pfeffer und Chilipaste würzen und mit Petersilie bestreuen. Sofort servieren.

Variante
Statt Garnelenfleisch können Sie auch gemischte Meeresfrüchte aus der Tiefkühltruhe verwenden. Diese nach Packungsaufschrift zubereiten und unter den Reis heben.

Gemüsereis und Filet Müllerin

Für 1 Portion

1 Beutel Spitzen-Langkorn 8-Minutenreis (125 g)
1 l Wasser
Salz
40 g Butter
1 Pck. TK-Filegro Müllerin Art (125 g)
1 Pck. TK-Erbsen und Möhren (150 g)
einige Zitronenscheiben
Petersilie zum Garnieren

- Den Reis in kochendes gesalzenes Wasser geben und bei schwacher Hitze 8 Minuten kochen lassen.
- Die Hälfte der Butter in einer Pfanne zerlassen und das Fischfilet unaufgetaut hineinsetzen. Bei mittlerer Hitze 8 bis 10 Minuten braten, dabei mehrmals wenden.
- Erbsen und Möhren im Wasser 2 bis 3 Minuten garen, in einem Sieb abgießen und abtropfen lassen.
- Den Reis zusammen mit dem Gemüse in der restlichen Butter schwenken. Den Fisch mit dem Gemüsereis anrichten. Mit Zitronenscheiben und Petersilie garniert anrichten.

Kürbisrisotto

Für 1 Portion

150 g Kürbisfleisch (aus dem Glas)
1 EL Pflanzenfett mit Butteraroma
5 EL trockener Weißwein
$^{1}/_{2}$ TL Honig, Salz
1 EL gewürfelte TK-Zwiebeln
62,5 g Risottoreis
125 ml Hühner-Kraftbouillon
3 EL Schlagsahne
frisch gemahlener weißer Pfeffer
1 kleine junge Frühlingszwiebel
1 EL TK-Italienische Kräuter
geriebene Muskatnuss

- Das Kürbisfleisch in einem Sieb abtropfen lassen. Die Hälfte des Pflanzenfetts erhitzen, den Kürbis darin anbraten, Weißwein, Honig und etwas Salz zufügen. Zugedeckt 3 Minuten dünsten.
- Restliches Pflanzenfett erhitzen, die Zwiebelwürfel darin anbraten, den Reis zugeben und glasig dünsten. Bouillon und Sahne zugießen, mit Salz und Pfeffer würzen. Den Reis unter Rühren etwa 20 Minuten köcheln lassen.
- Das Kürbisfleisch untermischen, damit es sich im Reis erwärmen kann.
- Frühlingszwiebel abspülen, trockentupfen, in dünne Ringe schneiden und mit den Kräutern unter den Reis heben. Mit Salz, Pfeffer und Muskatnuss abschmecken.

Tipp
Die Frühlingszwiebel muss tatsächlich jung sein; ansonsten sollten Sie die Frühlingszwiebeln kurz in etwas Wasser garen und abgetropft zum Risotto geben.

Zitronen-Risotto mit Putenbrust (Umschlagfoto)

Für 1 Portion

1 kleiner Stiel Zitronengras (Asialaden)
1 kleine Schalotte
$^{1}/_{2}$ TL Butter
50 g Risottoreis (Aborio oder Vialone)
25 ml trockener Weißwein
200 ml Gemüsebrühe (Instant)
150 g Bio-Putenbrustfilet
1 TL Olivenöl
10 g Kokosflocken
Jodsalz
weißer Pfeffer
4 Stiele Thai-Basilikum (Asialaden)

- Zitronengras waschen und in Stücke schneiden. Schalotte abziehen, fein hacken. Schalotten- und Zitronengrasstücke in Butter andünsten. Reis zugeben und unter Rühren glasig dünsten. Den Wein zugießen und bei kleiner Hitze köcheln lassen, bis die Flüssigkeit verdunstet ist.
- Die Gemüsebrühe nach und nach zugießen, so dass der Reis stets mit Flüssigkeit bedeckt ist. Risotto bei schwacher Hitze unter häufigem Rühren etwa 35 Minuten ausquellen lassen.
- Putenfilet abspülen, trockentupfen, in heißem Öl von beiden Seiten etwa 5 Minuten braten, mit Salz und Pfeffer würzen. Basilikum abspülen, trockenschwenken und hacken. Mit den Kokosflocken unter das Risotto rühren.

Tipp

Statt Zitronengras können Sie Schale und Saft einer $^1/_2$ Zitrone verwenden. Und statt Thai-Basilikum schmeckt auch Minze.

Blumenkohl-Curry

Für 1 Portion

62,5 g Thai-Reis
knapp 250 ml Wasser
1 Prise Salz
1–2 zarte Möhren (100 g)
2 EL (50 g) Ananasstücke (aus der Dose)
5 Cashewkerne, gehackt
1 EL Keimöl
1 EL gewürfelte TK-Zwiebeln
1 EL TK-Knoblauch
150 ml Gemüsebrühe (Instant)
1 Msp. Chilipaste
1 TL Curry
300 g TK-Blumenkohl
100 g TK-Brokkoli
1/2 TL Speisestärke
1 EL Crème fraîche

- Reis in Salzwasser aufkochen, bei schwacher Hitze etwa 12 Minuten sprudelnd kochen lassen. Reis in einem Sieb abgießen, abtropfen lassen und warm stellen.
- Die Möhren putzen, waschen, schälen und längs in Streifen schneiden. Ananasstücke abtropfen lassen. Cashewkerne grob hacken, in einer Pfanne ohne Fett unter Wenden hellgelb rösten und herausnehmen.
- Öl in einem Topf erhitzen, die Zwiebel- und Knoblauchwürfel darin glasig dünsten. Möhren zugeben, kurz mitdünsten, mit Brühe auffüllen. Chilipaste und Curry einrühren. Weitere 3 Minuten dünsten. Blumenkohl und Brokkoli zugeben und weitere 10 Minuten zugedeckt garen, Ananas zugeben. Speisestärke mit Wasser verquirlen, die Sauce damit binden, noch einmal aufkochen und Crème fraîche unterheben.

Reis mit Hähnchenfilet

Für 2 Portionen

125 g Langkorn- oder Thai-Reis
500 ml lauwarmes Wasser
1 Msp. Salz
2 rote Chilischoten
1 kleine Paprikaschote
300 g Hähnchenbrustfilet
1 EL gewürfelte TK-Zwiebeln
1 TL TK-Knoblauch
2 EL Pflanzenöl
1 EL Fischsauce
1 TL Garnelenpaste
2 EL TK-8-Kräuter-Mischung

- Den Reis in das lauwarme leicht gesalzene Wasser geben und bei schwacher Hitze etwa 12 Minuten garen. In einem Sieb abgießen und gut abtropfen lassen. Abkühlen lassen.

- Die Chilis entstielen, entkernen und fein hacken. Paprikaschoten in dünne Streifen schneiden. Das Hähnchenbrustfilet waschen, trockentupfen und quer zur Faser in etwa 1 cm breite und 3 cm lange Streifen schneiden.
- Im Wok 1 EL Öl erhitzen, Zwiebel- und Knoblauchwürfel und Chilis zugeben und darin unter ständigem Rühren 1 Minute braten. Paprikaschoten zufügen, noch $^1/_2$ Minute mitbraten, herausnehmen und warm stellen.
- Restliches Öl im Wok erhitzen, das Hähnchenfleisch darin unter ständigem Rühren garen. Mit dem Gemüse und Reis mischen, einmal aufkochen lassen. Mit Fischsauce und Garnelenpaste abschmecken. Zum Servieren mit Kräutern bestreuen.

Gebratener Reis mit Meeresfrüchten

Für 2 Portionen

62,5 g Thai-Reis
250 ml lauwarmes Wasser
1 Msp. Salz
200 g TK-Gemischte Meerestiere
1 Frühlingszwiebel
1 EL Pflanzenöl
1 EL TK-Knoblauch
1 EL gewürfelte TK-Zwiebeln
1 TL rote Currypaste
$^1/_2$ TL gemahlene Galgantwurzel
$^1/_2$ TL gemahlenes Zitronengras
frisch gemahlener weißer Pfeffer
2 EL Fischsauce
3 EL stückige Tomaten (aus der Dose oder Packung)
2 EL TK-8-Kräutermischung
grob geschroteter Szechuanpfeffer

Tipp
Sehr große Tintenfischringe sollten Sie besser halbieren oder vierteln.

- Den Reis in das lauwarme, leicht gesalzene Wasser geben und bei schwacher Hitze etwa 12 Minuten garen, in einem Sieb abgießen und gut abtropfen und abkühlen lassen.
- Meerestiere auftauen. Frühlingszwiebel waschen und in dünne Ringe schneiden.

- Öl im Wok erhitzen, Zwiebeln, Knoblauch, Currypaste und 3 EL Wasser zufügen. Unter ständigem Rühren $^1/_2$ Minute garen.
- Die Meerestiere zufügen und unter ständigem Rühren 5 Minuten garen. Gewürze, Fischsauce und Tomaten einrühren und noch 1 Minute unter Rühren erhitzen. Herausnehmen und warm stellen.
- Den Reis in den Wok geben, 1 Minute unter Rühren erwärmen. Frühlingszwiebel unterheben. Mit Salz und Szechuanpfeffer würzen. Die Meerestiermischung unterheben. Zum Servieren mit den Kräutern bestreuen.

Imbiss für den Abend oder fürs Büro

Die Rezepte mit 200 Kalorien können Sie als Abendbrot zu sich nehmen. Wenn Sie lieber Rezepte mit 300 Kalorien bevorzugen, lassen Sie bitte eine 100-Kalorien-Zwischenmahlzeit am Tage weg. Übrigens, die Kleinigkeiten können Sie auch prima mit an den Arbeitsplatz nehmen. Entsprechend bereiten Sie die Hauptmahlzeit abends zu und können diese in Ruhe am nächsten Tag im Büro genießen.

Geflügelsalat mit Reis

Für 1 Portion

30 g Himalaya-Basmatireis
120 ml lauwarmes Wasser
Salz
100 g Hähnchenbrustfilet
frisch gemahlener weißer Pfeffer
Paprika edelsüß
1 EL Fruchtcocktail (aus der Dose)
3 EL Joghurt (1,5 % Fett)
2 EL Fruchtsaft
1 EL TK-Basilikum

- Den Reis in das lauwarme Salzwasser geben und etwa 8 Minuten leicht sprudelnd kochen lassen. In einem Sieb abgießen und abtropfen lassen.
- Hähnchenbrustfilet waschen, trockentupfen, in einer Pfanne ohne Fett braten, mit Salz, Pfeffer und Paprika würzen. Herausnehmen, erkalten lassen und in Würfel schneiden. Mit dem Fruchtcocktail in einer Schüssel mischen.
- Joghurt und Fruchtsaft verrühren, mit Geflügelstücken und Reis mischen. Basilikum unterheben.

Tipp

Achten Sie beim Einkauf von Joghurt auf das Mindesthaltbarkeitsdatum, das meist 2 Wochen beträgt (ungeöffnet und gekühlt). Wärmebehandelte und ultrahocherhitzte Produkte halten sich länger, enthalten jedoch keine lebenden Bakterien mehr.

Wildreis-Salat mit Orangen (Foto Seite 86)

Für 1 Portion

Für den Salat
120 ml Wasser
1 Prise Salz
30 g Wildreis
1 Orange
1 kleine Avocado
30 g Rucola

Für die Salatsauce
1 EL weißer Balsamessig
(z. B. von Kühne)
1 EL Wasser
Salz
frisch gemahlener weißer Pfeffer
2 EL Olivenöl (z. B. Livio)
2–3 Tropfen flüssiger Süßstoff

- Für den Salat Wasser und etwas Salz aufkochen, den Reis zugeben und 5 Minuten sprudelnd kochen lassen. Die Hitze reduzieren und den Reis zugedeckt bei schwacher Hitze etwa 40 Minuten garen, in einem Sieb abtropfen und abkühlen lassen.
- Orange halbieren, eine Hälfte auspressen; andere Hälfte schälen und die halben Segmente zwischen den Trennwänden mit einem scharfen Messer herausschneiden.
- Avocado schälen, halbieren, den Stein herauslösen und eine Hälfte in Spalten schneiden. Die andere Hälfte anderweitig verwenden.
- Rucola putzen, waschen, in 3 cm lange Stücke schneiden, mit dem Reis mischen und in der Mitte auf einem großen Teller anrichten.
- Orangen- und Avocadospalten abwechselnd um den Reis legen.
- Für die Salatsauce Orangensaft, Balsamessig, Wasser und Gewürze verrühren, Öl unterschlagen, mit Süßstoff abschmecken. Die Salatsauce über die Reis-Fruchtmischung träufeln.

Gut zu wissen

Die Avocado ist ein fetthaltiges Obst. Je nach Sorte schwankt der Fettwert zwischen 15 und 30 %. Das Avocadofett ist leicht bekömmlich und enthält einfach ungesättigte Fettsäuren. Die Avocado ist reich an Vitamin E und Kalium. Eine reife Avocado lässt sich im Gemüsefach des Kühlschranks etwa 8 Tage aufbewahren.

Sellerie-Reis-Salat

Für 1 Portion

30 g Natur & Wildreis
100 ml Wasser
Salz
150 g Knollensellerie (Dose)
80 g gekochter Schinken
1 Cornichon
1 EL gewürfelte TK-Zwiebeln
1 EL Magerjoghurt
1 Msp. geriebener Meerrettich
1 TL weißer Balsamessig
frisch gemahlener weißer Pfeffer
1–2 Tropfen flüssiger Süßstoff
1 EL TK-Petersilie

Gut zu wissen
Cornichons (Pfeffergürkchen) sind sehr kleine Gürkchen, die mit vielen Gewürzen in Essig eingelegt sind.

- Den Reis in leicht gesalzenes Wasser geben, aufkochen, zugedeckt 25 Minuten bei schwacher Hitze ausquellen und abkühlen lassen.
- Sellerie in Streifen, Schinken und Cornichon in feine Würfel schneiden.
- Das Ganze mit den Zwiebeln und dem Reis mischen.
- Joghurt, Meerrettich und Balsamessig verrühren, mit Salz, Pfeffer und Süßstoff abschmecken und mit den Salatzutaten und der Petersilie mischen.

Dänischer Bagel

Für 1 Portion

1 Sesam-Bagel
1 EL kalorienreduzierte Apfel-Zwiebel-Leberwurst
1 TL Röstzwiebeln
1 Cornichon
2 EL TK-Petersilie

- Den Bagel waagerecht aufschneiden und beide Hälften mit der Apfel-Zwiebel-Leberwurst bestreichen. Die Röstzwiebeln auf die untere Hälfte streuen. Cornichon schräg in Scheiben schneiden und mit der Petersilie auf die Röstzwiebeln geben. Mit der oberen Bagelhälfte bedecken.

Bagel mit Gemüse-Tartar

Für 1 Portion

1 kleine Möhre
1 kleiner Kohlrabi
1 kleine rote Paprikaschote
1 kleine gelbe Paprikaschote
1 kleiner Zucchino
1 EL kalorienreduzierter Frischkäse mit Gemüse
1 EL kalorienreduzierter Frischkäse mit Kräutern
Salz
frisch gemahlener weißer Pfeffer
etwas Zitronensaft
2 Bagel

Tipp
Daraus können Sie 2 Mahlzeiten von je 100 Kalorien machen. Eine bereiten Sie sofort, die andere erst am nächsten Tag zu. Sie können alles schon vorbereiten und dann frisch vor dem Essen auf dem Bagel verteilen.

- Möhre, Kohlrabi, Paprika und Zucchino putzen und waschen. Möhre und Kohlrabi schälen, Paprikaschoten vierteln, weiße Trennwände und Kerne entfernen. Das gesamte Gemüse fein würfeln.
- Frischkäsesorten in einer Schüssel glatt rühren, mit Salz, Pfeffer und Zitronensaft abschmecken. Das fein geschnittene Gemüse unterheben.
- Die Bagel waagerecht durchschneiden, die Frischkäse-Gemüsemasse auf die unteren Hälften verteilen und mit den oberen Hälften bedecken.

Burritos

Für 1 Portion

4 Tortilla-Fladen (Fertigprodukt)
80 g kalorienreduzierter Frischkäse
Salz
frisch gemahlener weißer Pfeffer
Curry
gemahlener Ingwer
1 EL Zitronensaft
1 mittelgroße Möhre
1 kleiner Kohlrabi
1 kleiner, dünner Staudenselleriestiel
6 Cocktail-Tomaten
2 EL TK-Basilikum

Tipp
Dieses Rezept ist ideal, wenn Sie Gäste bewirten möchten.

- Die Tortilla-Fladen nach Anweisung zubereiten.
- Aus Frischkäse, Salz, Pfeffer, Curry, Ingwer und Zitronensaft eine geschmeidige Masse rühren. Die Fladen damit bestreichen.
- Das Gemüse putzen und waschen. Möhren und Kohlrabi schälen und in Stifte schneiden. Staudensellerie ebenfalls stifteln. Tomaten waschen und achteln, Stängelansätze entfernen.
- Das Gemüse mittig auf den Tortillas verteilen, mit Basilikum bestreuen. Das untere Drittel des Tortillafladens einschlagen und den Fladen zu einer Tüte aufrollen.

Vitaly-Bagel

Für 1 Portion

1 Sesam-Bagel
2 EL kalorienreduzierter Frischkäse mit Kräutern
1 Blatt Salat (z.B. Lollo Bianco)
$^1/_2$ Paprikaschote
$^1/_2$ kleiner, dünner Staudenselleriestiel
$^1/_2$ Pck. Kresse

Tipp
Statt Frischkäse mit Kräutern können Sie auch Frischkäse mit Gemüse verwenden.

- Sesam-Bagel waagerecht aufschneiden und die untere Hälfte mit Frischkäse bestreichen.
- Salat und Gemüse abspülen, Salat und Paprikaschote in Streifen, Staudensellerie in dünne Scheiben schneiden.
- Das Gemüse auf dem Frischkäse verteilen, Kresse darüber geben, mit der oberen Bagel-Hälfte bedecken. Sofort servieren.

Sandwich mit Ei und Krabben

Für 1 Portion

2 Scheiben Vollkornbrot
2–3 Stangen grüner Spargel
1 hart gekochtes Ei
1 TL ungesalzene Pistazien
75 g kalorienreduzierter Krabbensalat
Salz, Cayennepfeffer
Zitronensaft

Tipp
Statt kalorienreduzierten Krabbensalat können Sie auch kalorienreduzierten Geflügelsalat nehmen.

- Das Brot im Toaster oder beidseitig im Backofen rösten. Den Spargel putzen, waschen, das untere Ende abschneiden. Die Spargelstangen schräg in dünne Scheiben schneiden.
- Das Ei in Scheiben schneiden. Die Pistazien grob hacken.
- Den Krabbensalat mit Salz, Cayennepfeffer und Zitronensaft würzen und auf einer Brotscheibe verteilen. Die Spargelstücke darauf anrichten, mit Pistazien bestreuen.
- Mit der anderen Brotscheibe abdecken und das Sandwich diagonal halbieren.

Sandwich mit Salami-Käse-Mousse

Für 1 Portion

2 Scheiben Vollkornbrot
1 EL Pinienkerne
15 g kalorienreduzierte Salami
2 getrocknete Tomaten
100 g kalorienreduzierter Frischkäse mit Buttermilch
2 EL geriebener Parmesan
Salz
frisch gemahlener weißer Pfeffer
1 Spritzer Aceto balsamico
einige Stiele Rucola-Salat

Gut zu wissen
Der verwendete Frischkäse bekommt durch den Zusatz von Buttermilch seinen frischen Geschmack. Er enthält nur 8 % Fett.

- Das Brot im Toaster oder im Backofen beidseitig rösten. Pinienkerne in einer Pfanne ohne Fett unter Wenden goldgelb rösten.
- Salami würfeln. Getrocknete Tomaten sehr fein schneiden. Frischkäse glatt rühren und Salami, Parmesan und Tomatenstücke unterrühren. Mit Salz, Pfeffer und Balsamico abschmecken.
- Rucola-Salat auf eine Brotscheibe legen, Frischkäsemasse darauf streichen. Mit der anderen Brotscheibe abdecken. Das Sandwich diagonal halbieren. Sofort essen oder in eine Brotdose legen.

Sandwich mit Spinat und Wurst

Für 1 Portion

100 g frische Spinatblätter
1 TL Halbfettbutter
Salz
frisch gemahlener weißer Pfeffer
geriebene Muskatnuss
2 Scheiben Vollkornbrot
1 EL Gorgonzola (15 g)
1 EL kalorienreduzierter Frischkäse
etwas weißer Balsamessig
50 g kalorienreduzierte Geflügelmortadella

- Blattspinat abbrausen, trockenschleudern, eventuell dicke Rippen entfernen. Spinatblätter in Butter kurz andünsten. Mit Salz, Pfeffer und Muskatnuss würzen.
- Das Brot im Toaster oder Backofen beidseitig leicht toasten. Gorgonzola und Frischkäse glatt rühren, mit Balsamessig abschmecken und die Toastbrote damit bestreichen.
- Auf eine Scheibe den Spinat verteilen, mit Geflügelmortadella belegen. Die andere Scheibe darauf legen, andrücken und diagonal halbieren.

Crostini mit Kerbel-Lebercreme

Für 1 Portion

1 1/2 Scheiben Vollkorntoastbrot
60 g kalorienreduzierte Kalbsleberwurst
1 TL gewürfelte TK-Zwiebeln
1 gestr. TL kalorienreduzierte Halbfettbutter
20 g Kerbel
einige rosa Pfefferkörner

- Die Brotscheiben im Toaster goldgelb rösten und diagonal zu Dreiecken schneiden. Leberwurst und Butter verrühren. Zwiebelwürfel untermengen.
- Kerbel abspülen, trockentupfen und 3 Stiele beiseite legen. Restliche Kerbelblättchen von den Stielen zupfen, hacken und unter die Leberwurstmasse rühren.
- Die Lebercreme auf die Brote streichen; den rosa Pfeffer grob zerdrücken und zusammen mit den restlichen Kerbelblättchen auf die Lebercreme geben. Sofort servieren.

Crostini mit Möhren und Kapern

Für 1 Portion

1 Möhre
1 kleine Knoblauchzehe
3 Salbeiblätter
1 EL Kapern
1 TL Olivenöl
60 g kalorienreduzierte Kalbsleberwurst
Salz
frisch gemahlener weißer Pfeffer
1 Vollkorn-Baguettebrötchen

- Möhre und Knoblauchzehe fein würfeln. Salbeiblätter und Kapern fein hacken und dazu geben. Alles im Olivenöl andünsten.
- Die Leberwurst aus der Haut nehmen und unter die Möhrenmasse rühren. Mit Salz und Pfeffer abschmecken.
- Das Brötchen senkrecht in 4 Scheiben schneiden und auf beiden Seiten goldgelb rösten. Die Scheiben mit der gewürzten Leberwurstmasse bestreichen.

Käse-Birnen-Brötchen

Für 1 Portion

1 kleine Birne
einige Löwenzahnblätter, einige Pimpernell- oder Zitronenmelisseblätter
einige Johannisbeerrispen
200 g Weichkäse (z. B. Bresso)
1 Mehrkornbrötchen
etwas Margarine

- Die Birne waschen, trockentupfen, vierteln und entkernen. Die Viertel in dünne Scheiben schneiden. Den Salat putzen. Johannisbeeren waschen. Den Weichkäse in Scheiben schneiden.
- Brötchen senkrecht in 4 Scheiben schneiden und mit der Margarine bestreichen. Mit Salatblättern belegen, die Käsescheiben und Johannisbeeren darauf verteilen.

Brötchen mit Hähnchenbrust und Mango

Für 1 Portion

1 junge Frühlingszwiebel oder
3 Stiele Schnittlauch
1 Vollkornbrötchen
40 g Frischkäse (z. B. Bresso)
1 Mango
2–3 Spinatblätter
3 Scheiben
Hähnchenbrustaufschnitt

- Frühlingszwiebel oder Schnittlauch putzen, waschen und in feine Röllchen schneiden. Das Brötchen waagerecht halbieren und die untere Hälfte mit Frischkäse bestreichen.
- Mango schälen und das Fruchtfleisch in Streifen vom Stein schneiden. Die Hälfte beiseite legen und anderweitig verwenden.
- Das Brötchen mit Salat, Hähnchenbrustaufschnitt und Mangoscheiben belegen. Mit der Frühlingszwiebel oder dem Schnittlauch bestreuen.

Tipp
Das restliche Mangofleisch können Sie – mit etwas Zitronensaft beträufelt – als Salat am nächsten Tag essen. Und statt Mango schmecken auch Erdbeeren.

Lachshappen

Für 1 Portion

50 g Salatgurke
60 g Räucherlachs in Scheiben
1 Weizenvollkornbrötchen
1 EL Frischkäse mit Kräutern der Provence
einige Brunnenkresseblättchen

- Die Salatgurke waschen und in sehr dünne Scheiben schneiden. Vom Räucherlachs 3 kleine Scheiben beiseite legen. Den restlichen Lachs in feine Streifen schneiden und mit dem Frischkäse mischen. In einen Spritzbeutel mit Sterntülle geben.
- Die Brötchen senkrecht in 4 Scheiben schneiden, von beiden Seiten goldgelb rösten und mit Salatgurke und Räucherlachs belegen. Die Lachsfarce obenauf spritzen. Mit Kresse garnieren.

Variante
Die Gurke lässt sich auch durch eine kleine in dünne Scheiben geschnittene Zucchini austauschen.

Käse-Oliven-Brötchen

Für 1 Portion

50 g schwarze Oliven
1 TL Olivenöl
etwas Knoblauchpulver
3 Scheiben Weichkäse
(z. B. Bresso)
1 Mehrkornbrötchen
1 EL eingelegte Paprika-
schotenstreifen (aus dem Glas)
Basilikum zum Garnieren

Tipp

Schneller geht es, wenn Sie Olivenpaste aus dem Glas verwenden.

- Die Oliven in sehr feine Würfel schneiden. Mit Olivenöl und Knoblauchpulver verrühren. Den Weichkäse in Scheiben schneiden und diagonal halbieren.
- Das Brötchen senkrecht in 4 Scheiben schneiden und beidseitig goldgelb rösten.
- Mit der Olivenmasse bestreichen, die Käsescheiben darauf verteilen. Mit den abgetropften Paprikaschotenstreifen und Basilikumblättern garnieren.

Frischkäsebrot mit Paprika und Kräutern

Für 1 Portion

1 Scheibe Roggenvollkornbrot
(45 g)
80 g kalorienreduzierter
Frischkäse mit Buttermilch
1 kleine rote oder grüne
Paprikaschote (100 g)
1 EL TK-Petersilie

Gut zu wissen

Petersilie gilt seit jeher als wertvolle Heilpflanze, unter anderem wirkt sie als wassertreibendes Mittel bei Wassersucht, Nieren- und Blasenentzündungen.

- Das Brot mit Frischkäse bestreichen.
- Paprikaschote vierteln, die weißen Trennwände und die Kerne entfernen.
- Paprikaschotenviertel in sehr feine Streifen schneiden und damit das Brot belegen. Mit Petersilie bestreuen.

Quarkbrötchen

Für 1 Portion

1 Brötchen
2 Salatblätter
3 EL Magerquark
Salz
frisch gemahlener weißer Pfeffer
1 Msp. Knoblauchpulver
2 EL gehackte TK-Zwiebeln
1 gewürfelte Cornichon
2 Radieschen

- Das Brötchen waagerecht halbieren und jede Hälfte mit einem Salatblatt belegen.
- Quark, Salz, Pfeffer, Knoblauch, Zwiebeln und Cornichon kräftig verrühren und auf die Brötchenhälften streichen. Radieschen waschen, trockentupfen und in Scheiben schneiden. Die Brötchen damit garnieren.

Käse-Eier-Dip

Für 1 Portion

1 hart gekochtes Ei (Gew. Kl. M)
2 Cornichons mit 2–3 EL Flüssigkeit
1 EL gewürfelte TK-Zwiebeln
50 g Crème fraîche
75 g Frischkäse mit pikantem grünen Pfeffer
2 EL TK-Schnittlauch
Salz nach Geschmack

- Das Ei fein würfeln. Cornichons fein hacken und mit den Zwiebeln mischen.
- Den Frischkäse mit Crème fraîche und der Cornichon-Flüssigkeit glatt rühren.
- Cornichon-, Zwiebel- und Eiwürfel sowie den Schnittlauch unter die Frischkäsemasse rühren.

Tipp

Der Dip passt zu rohem Gemüse wie Möhren, Gurken, Staudensellerie oder als Aufstrich für Baguette oder Fladenbrot. Das müssten Sie kalorienmäßig dazurechnen.

Gefüllte Gurkenröllchen

Für 4 Portionen

3 Minigurken (Frühstücksgurken)
Salz
frisch gemahlener weißer Pfeffer
150 g Kirschtomaten
24 Basilikumblätter
200 g schnittfester Feta-Schafskäse mit würzigem Knoblauch
75 g kalorienreduzierter Frischkäse mit würzigem Knoblauch

Für die Kräutermarinade

1 kleine unbehandelte Zitrone
3 EL TK-Knoblauch mit Zwiebel
3 EL TK-Basilikum
80 ml Olivenöl

- Die Gurken waschen, Stiel- und Blütenansatz entfernen. Gurken mit einem Sparschäler in jeweils etwa 8 dünne Scheiben schneiden. Die Scheiben leicht salzen und pfeffern.
- Tomaten und Basilikum waschen und trockentupfen, Tomaten halbieren. Fetakäse in etwa 24 Würfel schneiden. Den Frischkäse auf die Gurkenscheiben streichen und jeweils einen Käsewürfel, eine halbe Tomate und ein Basilikumblatt darauf legen. Die Gurkenscheiben aufrollen und mit Holzstäbchen feststecken.
- Für die Kräutermarinade Zitrone abspülen, trockentupfen. Schale abreiben. Die Zitrone halbieren und auspressen. Zitronenschale und Saft verrühren, Knoblauch mit Zwiebel, Basilikum und Öl einrühren, mit Salz und Pfeffer würzen. Die Marinade über die gefüllten Gurkenröllchen gießen. In eine Schale setzen und 2 Stunden zugedeckt durchziehen lassen.

Tipp
Dieses Gericht lässt sich gekühlt gut aufbewahren, so dass Sie davon gleich 4 Mahlzeiten mit je 200 Kalorien haben.

Cocktail-Tomaten in Würzmarinade

Für 1 Portion

300 g kleine Strauchtomaten
150 g Frischkäse Tomate-Basilikum (z. B. von Bresso)

Für die Würzmarinade
1 kleine rote Chilischote
2 EL TK-Knoblauch mit Zwiebeln
3 EL TK-Basilikum
1 EL TK-Italienische Kräuter
$^1/_4$ l Olivenöl
125 ml weißer Balsamessig
Salz, schwarzer Pfeffer

- Die Tomaten waschen, trockentupfen. Einen kleinen Deckel abschneiden und das Fruchtfleisch herauskratzen. Den Frischkäse in einen Spritzbeutel geben und die Tomaten damit füllen. Die Tomaten in eine Schale setzen.
- Für die Würzmarinade Chili längs aufschneiden, Kerne und Trennwände entfernen; das Fruchtfleisch sehr fein hacken. Knoblauch mit Zwiebeln und den Kräutern mischen und mit dem Öl und Balsamessig verrühren. Mit Salz und Pfeffer nach Geschmack würzen.
- Das Würzöl über die Tomaten gießen. Zugedeckt etwa 2 Stunden durchziehen lassen.

Serviertipp
Zu den Cocktail-Tomaten passen geröstete Brötchenscheiben (pro Brötchen etwa 45 Kalorien zusätzlich). Dieses Rezept ist ideal, wenn Sie Gäste haben.

Tomaten-Reis mit Käse

Für 1 Portion

30 g Natur & Wildreis
150 ml Wasser
Salz
200 g kleine Tomaten
2 EL Wasser
50 g schnittfester Schafskäse
2 TL TK-Gemischte Kräuter
frisch gemahlener weißer Pfeffer
Paprika edelsüß

- Den Reis im gesalzenen Wasser aufkochen und bei schwacher Hitze zugedeckt etwa 25 Minuten leicht köcheln lassen. Eventuell überschüssiges Wasser abgießen.
- Die Tomaten waschen, vierteln, dicht nebeneinander in eine beschichtete Bratpfanne setzen, 2 EL Wasser zugeben. Zugedeckt etwa 2 Minuten erhitzen.
- Den Käse fein würfeln, über die Tomaten verteilen und noch etwa 1 Minute zugedeckt dünsten. In eine vorgewärmte Schüssel geben, den Reis und die Kräuter unterheben. Sofort anrichten.

Orangen-Reis mit Frühlingszwiebeln

Für 1 Portion

40 g Langkorn & Wildreis
160 ml Wasser
Salz
1 Orange
2 Frühlingszwiebeln
1 kleines Putenschnitzel (75 g)
1 TL Keimöl
1 TL TK-Knoblauch
1 Msp. Korianderpulver
1/2 Tasse Gemüsebrühe (Instant)

Tipp
Empfehlenswert sind Frühlingszwiebeln aus dem Asienladen; sie sind besonders klein und knackig.

- Den Reis im gesalzenen Wasser aufkochen und bei schwacher Hitze zugedeckt etwa 25 Minuten leicht köcheln lassen. Eventuell überschüssiges Wasser abgießen.
- Die Orange schälen; mit einem scharfen Messer die Segmente

zwischen den Trennwänden herausschneiden. Die Segmente halbieren, den Saft dabei auffangen. Frühlingszwiebeln waschen und in dünne Ringe schneiden.

- Das Fleisch in 4 Stücke schneiden, salzen und im heißen Öl auf jeder Seite 1/2 Minute braten, herausnehmen und warm stellen.
- Frühlingszwiebeln und Knoblauch in die Pfanne geben. Mit Koriander würzen, die Brühe zugießen und mit dem Reis und der Orange mischen. Zum Fleisch anrichten.

Leber-Reispfanne

Für 1 Portion

30 g Langkornreis
(z. B. Ideal-Reis)
190 ml Wasser
Salz
120 g Rinderleber
2 EL gewürfelte TK-Zwiebeln
50 g Stockschwämmchen
(aus dem Glas)
2 EL stückige Tomaten (aus der Dose oder Packung)
frisch gemahlener weißer Pfeffer
2 EL TK-Petersilie

Tipp
Sie sollten beim Kauf darauf achten, dass die Leber nicht zu viele Sehnen enthält.

- Den Reis in einem Topf mit leicht gesalzenem Wasser aufkochen und zugedeckt etwa 12 bis 15 Minuten bei schwacher Hitze ausquellen lassen.
- Leber waschen, sehr gut trockentupfen und in Streifen schneiden. In eine beschichtete Pfanne geben und unter Wenden gut anbraten.
- Zwiebeln, Stockschwämmchen und Tomatenstücke zufügen. Mit Salz und Pfeffer würzen.
- Den Reis unter das Leber-Pilz-Gemisch geben. Mit Petersilie bestreuen.

Hähnchenstreifen auf Kräuter-Risotto

Für 1 Portion

40 g Risotto & Paellareis
1 EL gehackte TK-Zwiebeln
120 ml Wasser
Salz
Curry
120 g Hähnchenbrust
1 TL Keimöl
50 g gemischte Pilze
(aus der Dose)
1 Prise Salz
frisch gemahlener weißer Pfeffer
Paprika edelsüß
2 EL TK-8-Kräuter

- Reis und Zwiebelwürfel bei schwacher Hitze unter Rühren glasig dünsten.
- Mit Wasser aufgießen, salzen und unter ständigem Rühren etwa 25 Minuten ausquellen lassen. Risotto mit Curry würzen und warm stellen.
- Hähnchenbrust abspülen, trockentupfen und in dünne Streifen schneiden.
- Das Öl in einer beschichteten Pfanne erhitzen, die Hähnchenstreifen darin unter Wenden anbraten, herausnehmen und warm stellen.
- Pilze abtropfen lassen, in die Pfanne geben und unter Rühren braten. Mit Salz, Pfeffer und Paprika würzen und alles zugedeckt 10 Minuten dünsten. Mit den Hähnchenstreifen mischen.
- Den Risotto mit den Kräutern mischen und zu den Hähnchen-Champignons anrichten.

Gut zu wissen

Curry ist eine indische Gewürzmischung. Sie besteht meist aus 12 Gewürzen, nämlich Pfeffer, Paprika, Ingwer, Kardamom, Nelken, Koriander, Kurkuma (Gelbwurz), Kreuzkümmel (Kumin), Muskatblüte, Muskatnuss, Piment und Zimt. Kurkuma verleiht Curry seine gelbe Farbe.

Fischfilet mit Ananas-Reis

Für 1 Portion

40 g Langkorn & Wildreis
200 ml Wasser
Salz
120 g Fischfilet
(Seelachs, Lengfisch)
etwas Zitronensaft
frisch gemahlener weißer Pfeffer
3–4 EL Wasser
3 EL Tomatenketchup
(z. B. von Heinz)
1 Scheibe Ananas (aus der Dose)
1 gute Msp. Chilipaste
(aus dem Glas)

- Den Reis im Salzwasser aufkochen und zugedeckt 20 Minuten bei schwacher Hitze ausquellen lassen, eventuell überschüssiges Wasser abgießen. Den Reis warm stellen.
- Fischfilet abspülen, trockentupfen und mit Zitronensaft beträufeln. Kurz ziehen lassen. Das Fischfilet in große Würfel schneiden. Fisch in eine beschichtete Pfanne geben, Wasser zufügen, mit Salz und Pfeffer würzen, Tomatenketchup zufügen. Zugedeckt etwa 3 Minuten dünsten.
- Die Ananasscheibe klein schneiden und zum Fisch geben. Mit Chilipaste würzen und alles unter den warmen Reis heben.

Spezialtipp
Wenn vorhanden, mit etwas Kardamom, gemahlenem Kümmel und Korianderpulver würzen.

Kokossüppchen

Für 2 Portionen

30 g 5-Minutenreis
180 ml Wasser
Salz
1 Stiel Zitronengras
200 ml Geflügelfond oder Hühnerbrühe (Instant)
1 Msp. Ingwerpulver
1 gute Msp. Chilipaste
1 kleine Dose Kokosmilch, ungesüßt (400 g)
1 EL heller Saucenbinder
200 g Tiefseekrabbenfleisch
1 TL Honig
1 EL Sojasauce
3 TL Zitronensaft

- Reis in Salzwasser aufkochen, den Reis 5 Minuten ohne Deckel bei schwacher Hitze kochen lassen. In einem Sieb abgießen und abtropfen lassen.
- Das Zitronengras grob zerschneiden, mit dem Geflügelfond oder der Hühnerbrühe und den Gewürzen aufkochen und etwa 10 Minuten kochen lassen. Anschließend das Zitronengras mit einem Schaumlöffel herausnehmen.
- Die Kokosmilch zugeben, hellen Saucenbinder einrühren, einmal aufkochen lassen, den Reis und das Tiefseekrabbenfleisch unterrühren. Das Ganze mit Honig, Sojasauce, Zitronensaft würzig abschmecken.

Möhren-Reis

Für 1 Portion

30 g 5-Minutenreis
180 ml Wasser
Salz
2 mittelgroße Möhren (200 g)
1 TL Butter
1 EL TK-Zwiebeln
frisch gemahlener weißer Pfeffer
Muskatnuss
2 EL kalorienreduzierter Schnittkäse

- Reis in Salzwasser aufkochen, 5 Minuten ohne Deckel bei schwacher Hitze kochen lassen. In einem Sieb abgießen, abtropfen und abkühlen lassen.
- Möhren waschen, schälen, grob zerschneiden. Butter zerlassen, Möhren und Zwiebeln zugeben, mit Salz, Pfeffer und Muskatnuss würzen, 4 EL Wasser zugeben und die Möhren bissfest garen. Den Reis einstreuen, den Käse unterheben.
- Mit Petersilie bestreut anrichten.

Kürbiscremesuppe

Für 1 Portion – 300 kcal

30 g Langkornreis
(z. B. Ideal-Reis)
180 ml Wasser
Salz
100 g Poulardenbrust
1 Gewürznelke
1 kleines Lorbeerblatt
1 EL TK-Suppengrün
1 junge Frühlingszwiebel
1 TL Keimöl
300 g Kürbisfleisch
frisch gemahlener weißer Pfeffer
1 EL geschlagene Sahne
etwas Kerbel

- Reis in Salzwasser aufkochen lassen. Zugedeckt bei schwacher Hitze 12 bis 15 Minuten ausquellen lassen. Warm stellen.

- Das Poulardenbrustfilet abspülen und trockentupfen, mit den Gewürzen und dem Suppengrün in einen Topf geben und mit Wasser bedeckt aufkochen. Bei schwacher Hitze 15 Minuten ziehen lassen.
- Frühlingszwiebel in dünne Röllchen schneiden. Keimöl zerlassen und Kürbisstücke und Frühlingszwiebel darin anbraten. Mit der Geflügelbrühe aufgießen und 15 Minuten köcheln lassen.
- Die Suppe im Mixer pürieren, mit Pfeffer und Salz abschmecken.
- Den Reis, die in dünne Streifen geschnittene Hähnchenbrust und die geschlagene Sahne in die Suppe geben. Mit Kerbelblättchen garnieren.

Spezialtipp
Wenn Sie keinen frischen Kürbis bekommen, verwenden Sie eingelegten Kürbis aus dem Glas. Die Suppe hat dann einen leicht säuerlichen Touch.

Curryhuhn mit Mangoreis

Für 1 Portion

40 g 5-Minutenreis
240 ml Wasser
Salz
150 g Hähnchenbrustfilet
1 TL Keimöl
100 ml Wasser
1 knapper EL Helle Sauce (Instant)
1 kräftige Prise Curry
1 kleine Mango (100 g)

- Reis in Salzwasser aufkochen, 5 Minuten ohne Deckel bei schwacher Hitze kochen lassen. In einem Sieb abgießen und abtropfen lassen. Den Reis warm stellen.
- Hähnchenbrustfilet in Streifen schneiden und in einer beschichteten Pfanne in Keimöl rundherum braten. Mit Wasser aufgießen, Helle Sauce und Curry einrühren.
- Mango schälen und das Fruchtfleisch in kleinen Stücken vom Stein abschneiden. Die Hälfte der Fruchtstücke in die Sauce geben. Restliches Fruchtfleisch anderweitig verwenden. Den Reis vorsichtig unter die Hähnchen-Curry-Mischung heben.

Geflügelsülze mit Reis

Für 1 Portion

40 g 5-Minutenreis
240 ml Wasser, Salz

Für die Sülze

$^1/_2$ l Wasser, 1 Prise Salz
2 EL Kräuteressig
1 Lorbeerblatt
Süßstoff nach Geschmack
2 Blatt weiße Gelatine
50 g TK-Brokkoli
50 g geräucherte Putenbrust
50 g Mandarin-Orangen (aus der Dose)

Für die Sauce

$^1/_2$ Becher Magerjoghurt (75 g)
1 Spritzer Zitronensaft
Salz
frisch gemahlener weißer Pfeffer
1 Spritzer flüssiger Süßstoff
2 EL TK-Salatkräuter

- Reis in einem Topf mit Salzwasser aufkochen, 5 Minuten ohne Deckel bei schwacher Hitze kochen lassen. Den Reis in einem Sieb abgießen, abtropfen und abkühlen lassen.
- Für die Sülze Wasser, Salz, Essig, Lorbeerblatt und Süßstoff bei geringer Hitze erwärmen. Den Sud 10 Minuten ziehen lassen. Gelatine in kaltem Wasser einweichen. Den Sud durch ein Sieb in einen Topf seihen. Zum Schluß die Gelatine ausdrücken und im Sud auflösen.
- Brokkoli in kochendem Wasser 6 Minuten garen, kalt abschrecken, klein schneiden. Putenbrust würfeln.
- Alle Zutaten mit dem Reis und den Mandarin-Orangen in einer Schüssel mischen.
- Den Sud darüber gießen, vorsichtig umrühren. Abgekühlt in den Kühlschrank stellen und darin 4 Stunden erstarren lassen.
- Für die Sauce alle Zutaten verrühren und mit der gestürzten in Scheiben geschnittenen Sülze servieren.

Schinkenröllchen mit Gemüsereis

Für 1 Portion

40 g 5-Minutenreis
740 ml Wasser
Salz
1 kleine Stange Staudensellerie (50 g)
100 g TK-Erbsen
2 EL TK-Petersilie
1 EL Salatsauce mit Joghurt (Fertigprodukt)
1 Scheibe gekochter Schinken
1 TL mittelscharfer Senf

- Reis in 240 ml Salzwasser aufkochen, 5 Minuten ohne Deckel bei schwacher Hitze kochen lassen. Den Reis in einem Sieb abgießen, abtropfen und abkühlen lassen.
- Staudensellerie waschen und in sehr kleine Würfel schneiden. Mit den Erbsen in 500 ml kochendes Salzwasser geben und darin 6 Minuten ziehen lassen. Herausnehmen, abtropfen lassen und mit dem Reis mischen. Petersilie in die Salatsauce rühren und unter den Reis heben.
- Schinken mit dem Senf bestreichen, etwas Reismischung darauf verteilen, aufrollen und sofort servieren. Restliche Reismischung nebenbei anrichten.

Hähnchen-Mango-Salat

Für 1 Portion

Für den Salat

20 g Vollkornreis
120 ml Wasser
Salz
1 Prise Kardamom
1 Prise Curry
1 Hähnchenbrustfilet (100 g)
1 TL Zitronensaft
$^{1}/_{16}$ l Geflügelbrühe
1 kleine Mango

Für die Salatsauce

$^{1}/_{2}$ TL Sonnenblumenöl
1 TL saure Sahne
1 EL Zitronensaft
frisch gemahlener weißer Pfeffer
etwas Dill (frisch oder TK)
einige Salatblätter

Gut zu wissen
Mangos sind die absoluten Superstars in Sachen Provitamin A; sie enthalten aber noch zusätzlich B-Vitamine, zellschützende Flavonoide und sind mit ihrem Eisen blutbildend.

- Für den Salat Reis in einem Topf mit Salzwasser aufkochen. Zugedeckt 25 Minuten bei schwacher Hitze ausquellen lassen. Über einem Sieb abgießen und abtropfen lassen. Den Reis in einen Topf geben und noch warm mit Kardamom und Curry mischen.
- Hähnchenbrustfilet abspülen, trockentupfen und mit Zitronensaft beträufeln.
- Geflügelbrühe erhitzen und das Hähnchenfilet darin zugedeckt etwa 10 Minuten ziehen lassen. Das Filet herausnehmen und in Streifen schneiden.
- Die Mango schälen, das Fruchtfleisch vom Stein schneiden. Die Hälfte des Fruchtfleisches würfeln und unter den Reis geben. Restliche Mango anderweitig verwenden.
- Für die Salatsauce Öl, saure Sahne, Zitronensaft, etwas Geflügelbrühe, Pfeffer und den gehackten Dill verrühren, mit etwas Salz abschmecken.
- Mango-Reismischung und Hähnchenstreifen auf einigen Salatblättern anrichten. Die Salatsauce darüber geben.

Tipp
Mangos nie in den Kühlschrank legen, immer bei Küchentemperaturen nachreifen lassen.

Paprika-Reis-Salat

Für 1 Portion

Für den Salat

40 g Vollkornreis

240 ml Wasser, Salz

1 kleine rote Paprikaschote (100 g)

20 g Edamer Käse (30 % F. i. Tr.)

1 EL gewürfelte TK-Zwiebeln

Für die Marinade

100 ml Sojadrink ohne Zucker

Zitronensaft

Curry

frisch gemahlener

weißer Pfeffer

- Für den Salat den Reis in Salzwasser aufkochen und zugedeckt 25 Minuten bei schwacher Hitze ausquellen lassen. Zum Abtropfen in ein Sieb geben, abkühlen lassen.
- Paprika putzen, waschen, vierteln, weiße Trennwände und Kerne entfernen. Paprika würfeln. Den Käse in dünne Streifen schneiden.
- Für die Marinade Sojadrink, Zitronensaft und Gewürze verrühren und mit den Zwiebelwürfeln und den restlichen Zutaten mischen.

Wurst-Reis-Salat

Für 1 Portion

Für den Salat

40 g 5-Minutenreis

240 ml Wasser, Salz

1 Gewürzgurke (50 g)

100 g kalorienreduzierte

Fränkische Fleischwurst

2 EL TK-Zwiebeln

2 EL TK-Schnittlauch

Für die Marinade

1 EL Essig

1 EL Wasser

1 TL mittelscharfer Senf

1 EL Keimöl

frisch gemahlener weißer Pfeffer

- Für den Salat Reis in Salzwasser aufkochen, 5 Minuten ohne Deckel bei schwacher Hitze kochen lassen. In einem Sieb abgießen, abtropfen und abkühlen lassen.
- Gewürzgurke und Fleischwurst fein würfeln. Mit Zwiebeln, Schnittlauch und Reis mischen.
- Für die Marinade Essig, Wasser, Senf und Öl verrühren, mit Salz und Pfeffer würzen und mit den Zutaten mischen. 10 Minuten durchziehen lassen.

Variante
Sie können die Fränkische Fleischwurst auch durch Geflügelmortadella ersetzen.

Gefüllte Paprikaschote

Für 1 Portion

40 g 5-Minutenreis
240 ml Wasser, Salz
1 Paprikaschote (100 g)
50 g Champignons
1 Scheibe gekochter Schinken (50 g), 1 TL Keimöl
3 EL Tomatenstücke (Dose)
1 EL gehackte TK-Zwiebeln
frisch gemahlener weißer Pfeffer
1 TL TK-Kräuter der Provence
1 Ecke kalorienreduzierter Schmelzkäse (25 g)

- Reis in Salzwasser aufkochen, 5 Minuten bei schwacher Hitze kochen lassen. Abgießen, abtropfen und warm stellen.
- Paprikaschote waschen, waagerecht halbieren, von weißen Trennwänden und Kernen befreien. In 250 ml Salzwasser zugedeckt knapp weich dünsten, herausnehmen und warm stellen. Champignons abtupfen, in dünne Scheiben schneiden. Den Schinken würfeln.
- Öl erhitzen, Zwiebel-, Schinken-, Tomatenwürfel und Champignonscheiben darin andünsten. Mit Pfeffer würzen, Kräuter der Provence einrühren. Den Käse stückchenweise zugeben und darin schmelzen lassen. Den Reis unterrühren. Die Füllung in die Paprikaschoten füllen. Sofort servieren.

Der Vier-Wochen-Speiseplan

Die folgende Rezeptauswahl wurde so zusammengestellt, dass täglich 1000 Kalorien herauskommen. Sie können natürlich individuell nach Ihrem Geschmack eigene Wochenpläne aufstellen.

Woche 1.

Frühstück	Quark-Kokos-Reis mit Orange S. 31	**Montag**
Hauptgericht	Putenroulade mit Spinat und Käse S. 72	
Imbiss	Wildreis-Salat mit Orangen S. 88	
Extras	Gemüse mit Frischkäse-Dip S. 47, Gefüllte Tomate mit Geflügelsalat S. 50	
Frühstück	Erdbeer-Müsli S. 37	**Dienstag**
Hauptgericht	Reissalat mit Krabben und Pesto S. 68	
Imbiss	Möhren-Reis S. 108	
Extras	Gurken-Rettich-Salat S. 51	
Frühstück	Morgen-Müsli S. 36	**Mittwoch**
Hauptgericht	Fruchtiger Reissalat S. 61	
Imbiss	Paprika-Reis-Salat S. 115	
Extras	Gefüllte Mangoldblätter S. 48	
Frühstück	Müsli mit Aprikose und Banane S. 34	**Donnerstag**
Hauptgericht	Exotischer Reissalat S. 64	
Imbiss	Lachshappen S. 97	
Extras	Käse-Tomaten-Brot S. 50, Zucchini-Knäcke S. 51	
Frühstück	Schweden-Knäcke S. 44	**Freitag**
Hauptgericht	Reissuppe mit Erbsen S. 65	
Imbiss	Geflügelsalat mit Reis S. 87	
Extras	Knäcke Seemanns Schmaus S. 42, Apfel-Drink S. 58	

Woche 2.

Samstag	Frühstück	Fit-Müslimischung S. 34
	Hauptgericht	Chicken-Thai-Curry S. 66
	Imbiss	Sellerie-Reis-Salat S. 89
	Extras	Gefüllte Gurkenröllchen S. 101
Sonntag	Frühstück	Exoten-Müsli S. 38
	Hauptgericht	Reispfanne mit Hähnchenfilet S. 69
	Imbiss	Bagel mit Gemüse-Tartar S. 90
	Extras	Crostini mit Möhren und Kapern S. 96
Montag	Frühstück	Müsli mit Feigen S. 32
	Hauptgericht	Kokoshuhn S. 70
	Imbiss	Curryhuhn mit Mangoreis S. 111
	Extras	Dänischer Bagel S. 89
Dienstag	Frühstück	Camembertbrot S. 45
	Hauptgericht	Putengulasch süß-sauer S. 70
	Imbiss	Burritos S. 90
	Extras	Erdbeerquarkcreme S. 52, Vollkornzwieback mit Konfitüre S. 53
Mittwoch	Frühstück	Joghurt mit Pfirsich und Erdbeeren S. 41
	Hauptgericht	Schweinefilet mit Zucchini S. 72
	Imbiss	Käse-Eier-Dip S. 100
	Extras	Gefüllte Mangoldblätter S. 48, Apfel-Trauben-Drink S. 58
Donnerstag	Frühstück	Melonen-Müsli S. 32
	Hauptgericht	Hühnersuppe mit Reis S. 68
	Imbiss	Crostini mit Kerbel-Lebercreme S. 95
	Extras	Vanille-Joghurt S. 53, Gurken-Drink mit Kresse S. 55

3. Woche

Freitag		
Frühstück	Möhrenflocken S. 39	
Hauptgericht	Schinkenröllchen mit Gemüsereis S. 113	
Imbiss	Sandwich mit Ei und Krabben S. 92	
Extras	Geflügelsülze mit Reis S. 112	
Samstag		
Frühstück	Knäcke Mittsommernacht S. 43	
Hauptgericht	Lammragout mit Oliven S. 75	
Imbiss	Vitaly-Bagel S. 92	
Extras	Buttermilch-Tomaten-Drink S. 55, Apfel-Drink S. 58	
Sonntag		
Frühstück	Muntermacher S. 39	
Hauptgericht	Fisch mediterran S. 76	
Imbiss	Sandwich mit Spinat und Wurst S. 94	
Extras	Zucchini-Knäcke S. 51, Käse-Tomaten-Brot S. 50	
Montag		
Frühstück	Knäcke-Müsli S. 40	
Hauptgericht	Lachsfilet mit Zwiebeln S. 77	
Imbiss	Hähnchen-Mango-Salat S. 114	
Extras	Apfel-Drink S. 58	
Dienstag		
Frühstück	Lachsschinkenbrot S. 44	
Hauptgericht	Wurst-Reis-Salat S. 116	
Imbiss	Käse-Birnen-Brötchen S. 96	
Extras	Cocktail-Tomaten in Würzmarinade S. 102, Apfel-Trauben-Drink S. 58	
Mittwoch		
Frühstück	Süßes Quarkbrot S. 43	
Hauptgericht	Reispfanne mit Garnelen S. 78	
Imbiss	Brötchen mit Hähnchenbrust und Mango S. 97	
Extras	Gurken-Rettich-Salat S. 51, Vanille-Joghurt S. 53	

Donnerstag	Frühstück	Erdbeer-Müsli S. 37
	Hauptgericht	Schweinefilet mit Zucchini S. 72
	Imbiss	Kokossüppchen S. 108
	Extras	Exotischer Fruchtsalat S. 53
Freitag	Frühstück	Apfel-Reis-Müsli S. 36
	Hauptgericht	Gemüsereis und Filet Müllerin S. 79
	Imbiss	Kürbiscremesuppe S. 110
	Extras	Gurken-Rettich-Salat S. 51
Samstag	Frühstück	Morgen-Müsli S. 36
	Hauptgericht	Kürbisrisotto S. 80
	Imbiss	Käse-Oliven-Brötchen S. 99
	Extras	Käse-Tomaten-Brot S. 50, Frische Paprika mit Knäckebrot S. 52
Sonntag	Frühstück	Camembertbrot S. 45
	Hauptgericht	Gefüllte Paprikaschote S. 117
	Imbiss	Tomaten-Reis mit Käse S. 104
	Extras	Frischkäsebrot mit Paprika und Kräutern S. 99
Woche 4. **Montag**	Frühstück	Müsli mit Feigen S. 32
	Hauptgericht	Blumenkohl-Curry S. 82
	Imbiss	Orangen-Reis mit Frühlingszwiebeln S. 104
	Extras	Gefüllte Mangoldblätter S. 48, Mango-Mix mit Quark S. 59
Dienstag	Frühstück	Quarkbrötchen S. 100
	Hauptgericht	Putenroulade mit Spinat und Käse S. 72
	Imbiss	Hähnchenstreifen auf Kräuter-Risotto S. 106
	Extras	Kalte Melonensuppe S. 54, Gemüse mit Frischkäse-Dip S. 47

Frühstück	Müsli mit Hüttenkäse S. 37	**Mittwoch**
Hauptgericht	Zitronen-Risotto S. 80	
Imbiss	Leber-Reispfanne S. 105	
Extras	Kräuter-Kefirmix S. 56, Buttermilch-Tomaten-Drink S. 55	
Frühstück	Apfel-Reis-Müsli S. 36	**Donnerstag**
Hauptgericht	Gebratener Reis mit Meeresfrüchten S. 84	
Imbiss	Kokossüppchen S. 108	
Extras	Pfirsich-Vanillemilch S. 57	
Frühstück	Sanddorn-Pflaumen-Müsli S. 40	**Freitag**
Hauptgericht	Reis mit Hähnchenfilet S. 83	
Imbiss	Fischfilet mit Ananas-Reis S. 107	
Extras	Käse-Tomaten-Brot S. 50, Apfel-Drink S. 58	
Frühstück	Schweden-Knäcke S. 44	**Samstag**
Hauptgericht	Schweinefleisch mit Chinakohl S. 74	
Imbiss	Frischkäsebrot mit Paprika und Kräutern S. 99	
Extras	Gurken-Rettich-Salat S. 51, Apfel-Drink S. 58	
Frühstück	Fit-Müslimischung S. 34	**Sonntag**
Hauptgericht	Roter Reissalat mit Estragon und Scampi S. 62	
Imbiss	Lachshappen S. 97	
Extras	Mango-Mix mit Quark S. 59, Apfel-Trauben-Drink S. 58	

40 Extras für Zwischendurch

von je 100 Kilokalorien

Gemüse	500 g Tomaten, 500 g Spargel 3 ganz grüne Gurken	2 mittelgroße Kohlrabi (500 g) 400 g Sauerkraut
Obst	2 kleine Äpfel (200 g) 1 froße Birne (200 g) 1 mittelgroße Banane (150 g) 2 kleine Orangen (250 g) 2 mittelgroße Grapefruit (500 g)	2 mittelgroße Pfirsiche (250 g) 250 g frische Erdbeeren 250 g frische Himbeeren 250 g frische Johannisbeeren 1 Scheibe (100 g) Ananas
Getränke **(1 Glas = 200 ml)**	1 Glas Apfel-, Grapefruit-, Johannisbeer-, Orangensaft, Cola, Bier	150 ml Rotwein oder Weißwein $^1/_8$ l Kakaotrunk
Joghurt	1 Becher Magermilch-Joghurt mit – Süßstoff und 125 g Erdbeeren – Süßstoff und 1 kleinen Orange – Süßstoff und $^1/_2$ Banane	– Süßstoff und 1 EL Apfelmus – Süßstoff und 125 g Himbeeren
Suppen	$^1/_4$ l Brühe mit 1 Ei als Einlage 1 Tasse Tomatensuppe, dazu 1 Kräcker	1 Tasse Nudelsuppe (Fertigprodukt) oder Blumenkohlsuppe (Fertigprodukt)
Kleine Freuden	1 große Kugel Fruchteis (ohne Waffel) 5 Butterkekse 50 g gewürztes Tatar mit Kresse und Kapern: dazu 1 dünne Schb. Knäcke Campari-Orange: 5 cl mit 0,1 l Orangensaft	1 großer Langustino (100 g) mit 3 Tropfen Knoblauchöl 2 Würfel Schafskäse, mit 2 Tomatenscheiben und 1 Olive 1 $^1/_2$ Negerküsse 1 Feige mit 1 dünnen Scheibe Parma- oder Serranoschinken und 1 Grissini

Rezeptregister

Abkürzungen

EL = **Esslöffel**
TL = **Teelöffel**
mg = **Milligramm**
g = **Gramm**
kg = **Kilogramm**
ml = **Milliliter**
l = **Liter**
Pck. = **Päckchen**
Msp. = **Messerspitze**
TK = **Tiefkühl**

Die Autorin

Karin Iden, diplomierte Diätassistentin aus Hamburg, war im Nestlé-Konzern für Verbraucherfragen zuständig und leitete danach das Kochstudio der Zeitschrift »Menü«. Seit 20 Jahren arbeitet sie als freiberufliche Food-Journalistin und Autorin für Zeitschriften und Bücher.

Bibliografische Information – Die Deutsche Bibliothek
Die Deutsche Bibliothek verzeichnet diese Publikation in der Deutschen Nationalbibliografie; detaillierte bibliografische Daten sind im Internet über http://dnb.ddb.de abrufbar.

Wichtiger Hinweis
Die im Buch veröffentlichten Ratschläge wurden mit größter Sorgfalt von Verfassern und Verlag erarbeitet und geprüft. Eine Garantie kann jedoch nicht übernommen werden. Ebenso ist eine Haftung der Verfasser bzw. des Verlages und seiner Beauftragten für Personen-, Sach- oder Vermögensschäden ausgeschlossen.

Bildnachweis
Umschlagfoto: Jahreszeiten Verlag/Wolfgang Schardt
Fotos: Biscin Special S. 81; Corbis Stock Market/Michael Keller S. 4, /Ronnie Kaufman S. 26; Du darfst S. 46, 49, 60, 62, 91, 93; Fotodesign Newedel S. 85; Karin Iden S. 110, 115; Oryza S. 3, 10, 12, 15, 19, 20, 21, 25, 30, 67, 71, 73, 78, 82, 109, 118; Peter Kölln KgaA, Köllnflockenwerke S. 33, 35, 38, 54, 56, 57, 59; The Food Professionals Köhnen GmbH S. 41, 42, 45; Union Deutsche Lebensmittelwerke GmbH S. 86, 98, 103

Projektleitung: Kathrin Gritschneder, Franz Leipold
Redaktion: Annerose Sieck, Falkendorf
Satz: Uhl + Massopust, Aalen
Umschlag: Daniela Meyer
Reproduktion: Mediapipeline, München
Druck und Bindung: Appl, Wemding
Printed in Germany

ISBN 3-426-66880-7

Gedruckt auf elementar chlorfrei gebleichtem Papier